関西学院大学産研叢書 41

関西経済の
構造分析

豊原法彦 [編著]
Toyohara Norihiko

Structural Analyses on Kansai's Economy

中央経済社

◆ **執筆者一覧**（執筆順）

根岸　　紳	（関西学院大学名誉教授）	第1章
福井　幸男	（関西外国語大学外国語学部教授・関西学院大学名誉教授）	第2章
髙林喜久生	（関西学院大学経済学部教授）	第3章
入江　啓彰	（近畿大学短期大学部准教授）	第4章
地道　正行	（関西学院大学商学部教授）	第5章
豊原　法彦	（関西学院大学経済学部教授）	第5章, 第7章
芦谷　恒憲	（兵庫県企画県民部ビジョン局統計課参事 兼ビジョン課参事）	第6章

はしがき

　関西経済は，近年影響力が低下してきたと言われつつも，2014年度においても人口では約13.2％，県内総生産（名目値）で全国の15.7％を占めており，関東地域ブロックに次いで2番目の規模で日本経済の中心的な役割を果たしている。よく言われるように，関西経済の強みは，歴史的な伝統産業基盤に加えて，安定した雇用と東アジアをはじめとする対外的な交易にある。また近年では新関西空港へのLCC乗り入れなども相まって，ほかの地域圏とは異なる経済的な特徴を示している。
　本書は産業研究所の共同研究「関西経済の構造分析」（2014〜2016年度，研究代表：豊原法彦関西学院大学経済学部教授）の研究成果に基づいている。
　当共同研究の参加者とその研究内容は以下のとおりである。
　第1章の「関西の景気連動性—CLIによる分析」では根岸紳（関西学院大学名誉教授）が中国，韓国，インド，豪州，米国，日本の景気先行指数（CLI）と『関西経済白書2016』で使われている関西CLI，関西各府県CLIを用いて，2008年以降，各国，各地域間の景気の連動性がいかに変化したかを計測した。その結果，強い先行性が中国に見られ，日本，関西に影響を与えており，韓国は日本から影響を受け，関西とはフィードバックの関係にあることがわかった。また，兵庫県は中国とフィードバックの関係にあり，滋賀県は県内総生産の成長率が高く関西をリードしており，この両県は他の地域，他の国へのハブになっている可能性があることなどを明らかにした。
　第2章の「関西経済発展の可能性を探る—日中韓地域間アジア国際産業連関表による計量分析」では，福井幸男（関西外国語大学外国語学部教授・関西学院大学名誉教授）が2013年にアジア経済研究所から公表された「日中韓地域間アジア国際産業連関表」をベースに，各地域の生産誘発効果に関する分析を行う

ことで日中韓三ヵ国の主要地域間の相互依存関係の現状を解明した。そして，関西の地理的利点であるアジアとの近距離によって，東アジア諸国やアセアン諸国の需要に素早く対応する体制をとっており，関西にとっては，海外とりわけアジアやアメリカなどとのヒト・モノ・サービスを拡大することが，市場の経済拡大につながるという結論を得た。また高度な人材確保のためにも，関西地域は高付加価値型ものづくりの産業を復活できると示唆される。

第3章の「関西の貿易取引と産業構造—大阪税関『貿易統計』からのアプローチ」では，髙林喜久生（関西学院大学経済学部教授）が，貿易取引とりわけ輸出取引のデータ分析から関西経済の特徴をとらえ直すことを試みた。関西経済は「バランスの取れた産業構造」を有し，広範な産業に強みを持っているところが特徴とされるが，そのことが，半導体等電子部品や科学光学機器等のスマートフォン部品を中心とする中国向けの輸出の伸びと，従来型産業の高品質製品を中心とする中国以外のアジア諸国向けの輸出の伸びに対応している。すなわち「アジア諸国との密接なつながり」という関西経済の特徴は「バランスのとれた産業構造」があってこそといえる。「バランスのとれた産業構造」は突出した産業，すなわち明確なリーディングインダストリーがないという意味で弱みとも言えるが，アジア諸国との関係では強みとなっている。

第4章の「関西における高速道路整備の経済効果—交通近接性を考慮した生産関数によるアプローチ」では，入江啓彰（近畿大学短期大学部准教授）が高速道路整備が持つ経済効果のうち，ストック効果に属する交通近接性の上昇により，企業の生産性・効率性が向上するという波及効果を計測することで，高速道路整備の経済効果を分析した。その際に計量計画研究所が用いた方法で算出された交通近接性指標を説明変数の1つとして，府県GRPの生産関数を推計した。その結果，京都府での効果が大きく，奈良県を除く各府県でも一定の経済効果が見られた。また全産業を8部門に分けて分析したところ，プラスの効果が見られた電気・ガス・水道業，あまり影響が見られなかった卸売小売業，運輸通信業，マイナスの効果が見られた農林水産業，製造業，建設業，サービス業と産業によって影響が異なることが明らかとなった。

第 5 章の「景気先行指数の動的文書生成にもとづく再現可能研究」では，地道正行（関西学院大学商学部教授）と豊原法彦（関西学院大学経済学部教授）が文書整形言語とプログラミング言語を兼ね備えたものが WEB システムにおいて文書ファイル部分を取り出す weave と R などのプログラミング言語のソースコードを抽出する tangle 機能を用いて，兵庫県の CLI を公表する際の web ページの自動化を目指した。具体的には，毎回定型で作成されるひな形部分と，日付など計算を伴わずに動的に作成される部分，さらにはソースコードを実行することで作成される部分をできるかぎり個人の操作を伴わない形で作成するための方法を検討した。その結果，個別に求められた結果をネット上に発信するために，毎回 HTML 形式のファイルを操作するという煩雑な手続が減少することで作業の効率改善とヒューマンエラーの減少が期待できることがわかった。

第 6 章の「景気指標から見た兵庫県経済の現況と指標利用上の課題」では，芦谷恒憲（兵庫県企画県民部ビジョン局統計課参事 兼ビジョン課参事）が1997年度から継続して作成されている兵庫県の景気動向指数（兵庫 DI），2008年度から正式系列として公表した景気総合指数（兵庫 CI），さらに2015年度から試算している兵庫県景気先行指数（兵庫 CLI）の特徴を明らかにした。そしてそれを算出するための個別採用系列の選択，季節調整などの加工方法，さらには，それらを組み合わせて求められる指数に対して景気の山・谷を設定する方法を示したのちに，課題として感応性の観点からの指数の入れ替え，不規則変動の平滑化等を示した。

第 7 章の「兵庫 CLI（Composite Leading Indicators）と基調判断」では，兵庫 CLI を算出するための採用個別系列に対する外れ値処理，トレンド除去などの変換処理プロセスについて具体的な適用の状況を示した。また，求められた CLI に対する個別系列の寄与度を見ることで，鉱工業生産指数と新規求人数の影響が大きいことが示された。さらに，内閣府が示す方法によって基調判断を行ったところ，これまで行われてきたブライ・ボッシャン法による景気のピークとトラフを求める分析とほぼ同等の結果が得られることがわかった。

以上の研究を通じて，関西経済の現状と今後の発展について，その方向性と可能性が明らかになった。これからも地域の特性を生かして発展していくことが期待される。

　2017年3月をもって根岸紳先生と福井幸男先生が関西学院大学を定年退職された。長年にわたり関西学院ならびに産業研究所の活動に尽力された両先生方との共同研究の成果として本書が出版されたことを特に記したい。

　最後に，関西学院大学産業研究所所長の藤沢武史先生，事務をご担当された，研究推進社会連携機構事務部研究所担当の石田文子さん，小野田弘之さん，三芳真理さん，酒井彩さん，そして中央経済社の田邉一正さんには大変お世話になった。皆さんのあたたかいご指導と叱咤激励の下で，ようやく出版にこぎつけられた。感謝申し上げたい。

2018年1月

豊原法彦

目　　次

はしがき／i

第1章　関西の景気連動性――CLIによる分析 ―――――― 1
1　はじめに　1
2　CLI（景気先行指数）とは何か　2
3　『関西経済白書2016』・『県民経済計算』からみる関西経済の姿　3
4　景気連動性の計測　7
5　おわりに　13

第2章　関西経済発展の可能性を探る ―――――― 17
　　　　――日中韓地域間アジア国際産業連関表による計量分析
1　はじめに　17
2　2005年日中韓地域間アジア国際産業連関表の見方およびモデル式　18
　2-1　2005年日中韓地域間アジア国際産業連関表の特徴　18
　2-2　日中韓国際産業連関表の表章形式　19
3　日中韓の地域間連関の計測　23
　3-1　波及効果の比較　23
　3-2　3地域別最終需要項目別の生産誘発効果　27
4　生産誘発依存度から見た関西経済の姿　33
　4-1　産業構造の比較　33
　4-2　3地域の生産依存度　34
5　おわりに　39

第3章　関西の貿易取引と産業構造 ―――――― 41
　　　　――大阪税関『貿易統計』からのアプローチ
1　はじめに　41
2　近畿圏の輸出入の特徴　41

  2-1 近畿圏と全国の輸出入総額の推移 41
  2-2 近畿圏と全国の輸出額 43
  2-3 近畿圏と全国の輸入額 44
  2-4 近畿圏と全国の純輸出額 45
 3 輸出の地域別および商品別成長期寄与度の検討 47
  3-1 近畿圏の地域別および商品別輸出 47
  3-2 全国の地域別および商品別輸出 49
 4 関西国際空港経由の輸出取引 50
 5 近畿圏および全国の地域別輸出増加パターンの類型化 52
 6 産業構造と対アジア輸出との関係 54
 7 おわりに 56

第4章 関西における高速道路整備の経済効果 ──── 59
─交通近接性を考慮した生産関数によるアプローチ

 1 はじめに 59
 2 データ─道路ストックと交通近接性 61
  2-1 道路ストック 61
  2-2 交通近接性 62
 3 府県別分析 64
  3-1 府県別生産関数の推定 65
  3-2 シミュレーション 67
 4 産業別分析 69
 5 おわりに 74

第5章 景気先行指数の動的文書生成にもとづく再現可能研究 ──── 77

 1 はじめに 77
 2 動的文書の起源 78
 3 Sweave と knitr による動的文書と再現可能研究 80
 4 景気先行指数に関する動的文書生成 84
 5 おわりに─今後の課題 86

付録
- A Sweave の環境設定と利用法　88
- B knitr の環境設定と利用法　95
- C チャンク　99
- D Tips　101
- E 景気先行指数の計算に利用された R スクリプトファイルとデータファイル　105

第6章　景気指標から見た兵庫県経済の現況と指標利用上の課題 ── 113

- 1　はじめに　113
- 2　兵庫県における景気指標作成の概要　113
- 3　景気動向指数の作成と県経済の概況　115
  - 3-1　基礎データの選定と収集　115
  - 3-2　基礎データの事前処理　115
  - 3-3　個別指標（先行系列）の概要　117
  - 3-4　個別指標（一致系列）の概要　119
  - 3-5　暫定景気基準日付の設定　123
  - 3-6　ヒストリカル DI 設定方法　125
  - 3-7　特殊循環日付の設定　126
- 4　兵庫県景気動向指数の推移　127
  - 4-1　第11〜第15循環（景気拡張局面）の概要　127
  - 4-2　景気総合指数による県経済の概況　128
- 5　景気先行指数の作成と県経済の概況　131
  - 5-1　兵庫 CLI 作成方法の概略　131
  - 5-2　兵庫 CLI の作成上の課題　138
- 6　おわりに──兵庫県における景気指標利用上の課題　139
  - 6-1　個別指標の見直しと不規則変動　139
  - 6-2　景気指標としての活用に向けて　141

第7章　兵庫 CLI (Composite Leading Indicators) と基調判断 ── 145

- 1　はじめに　145
- 2　兵庫県の先行指数個別指標と CACISd による変換について　146

3　兵庫 CLI の動き　159
　4　過去1年間のデータを用いた基調判断の妥当性検証　165
　5　おわりに　168

あとがき／171

第 1 章

関西の景気連動性—CLI による分析

◆

1 はじめに

　関西経済の景気連動性について，根岸（2012）では，2000年1月から2008年8月までの兵庫県，大阪府，関西，関東，中国，韓国のCI一致指数を使いながら，各地域間の景気連動性について計測を行った。計測方法はGranger Test（因果関係検定）と予測の分散分解の2つの方法である。その結果，当該期間では，韓国から中国・日本や日本の各地域への影響の強さが検出され，さらに，中国・韓国の経済の発展に伴い，関西がそのプラスの効果を享受し，その影響を日本の他地域だけでなく中国・韓国にフィードバックしていく役目を関西が持っている可能性があると分析した。韓国は多くの産業（鉄鋼，造船，自動車，電子）で日本の技術を学ぶことによって自国でそれらのモノを作れるようになり，ついには電子産業では日本を追い越している。

　今回は，OECDが発表している中国，韓国，インド，豪州，米国，日本の景気先行指数（CLI）と『関西経済白書2016』で使われている関西CLI，関西各府県CLI[1]を使って，2008年以降，各国，各地域間の景気の連動性がいかに変化したかを計測する。計測対象期間は2008年1月から2016年8月までである。

2　CLI（景気先行指数）とは何か

　CLIとは，Composite Leading Indicatorsの略であり，OECDが毎月公表している景気先行指数のことである[2]。先行指数については，日本の内閣府が毎月CI先行指数をCI一致指数，CI遅行指数とともに発表している。CLIと日本の内閣府のCI先行指数との比較が奥本（2013）によって行われている。日本のCIは古典的循環の考え方に基づいているのに対してOECDのCLIは成長循環の考え方に基づいている。古典的循環による景気の山と谷は水準の極大値と極小値であるが，成長循環における山はトレンドとの距離がプラスで最大離れているときを山，トレンドとの距離がマイナスで最大離れているときを谷と判断している。したがって，CLIはCIに比べて景気の上昇期間が長くなり，下降期間が短くなる。

　OECDが作成している日本のCLIと内閣府が作成しているCI先行指数はそれぞれ次のような採用系列からなっている。

日本のCLI（8系列）：鉱工業在庫率指数，輸入／輸出比率，金融機関の貸出金／預金比率，所定外労働時間，住宅着工戸数，東証株価指数，長短金利差，中小企業売上げ見通しDI

日本のCI先行指数（11系列）：最終需要財在庫率指数，鉱工業用生産財在庫率指数，新規求人数（学卒を除く），実質機械受注，新設住宅着工床面積，消費者態度指数，日経商品指数，マネーストック（M2），東証株価指数，投資環境指数，中小企業売上げ見通しDI

　共通の系列は東証株価指数と中小企業売上げ見通し，対象が少し異なっているところがあるが，在庫率，住宅着工である。日本のCI先行指数の採用系列中のマネーストック（M2）は前回まで長短金利差であったが，第11次改定（2015年7月）でマネーストックに変更された。

◆アジア・アメリカのCLI

　豪州，韓国，中国，インド，米国はそれぞれ採用系列の中身やその採用数も異なっている。中身については**図表1-1**にまとめた。先行指標であるので，株価についてはすべての国で採用されている。次に金融が中国以外で採用され，交易条件・貿易や将来見通しが2国以外で採用されている。先行系列はカネ関連の株・金融が多く採用され，モノ関連の在庫率，受注等は2ヵ国か3ヵ国の国で採用されているにすぎない。

図表1-1　各国CLIの採用系列分類

	交易条件・貿易	株価	金融	在庫率・在庫	住宅	雇用・労働時間	見通し	受注	生産	需要
Australia	○	○	○		○	○	○	○		
Japan	○	○	○	○		○	○			
Korea	○	○	○	○			○			
US		○	○		○	○	○			
China	○	○			○			○		
India		○	○						○	○

3　『関西経済白書2016』・『県民経済計算』からみる関西経済の姿[3]

　関西（2府4県）の輸出割合（対全輸出）は2014年，1位は半導体等電子部品の59.0％，2位は科学光学機器の46.4％といずれもスマートフォンの主要なパーツである。それに対して，自動車は0.3％，自動車の部分品は2.8％と極端に低い。関西はアジアへの輸出比率（対全世界）が高く，2015年では66.9％，その中で中国は23.4％であり，中国を除くアジアは43.5％である。日本全体のアジアへの輸出比率は53.3％でそのうち中国へは17.5％，中国を除くアジアへは35.8％である。また米国への輸出比率は関西13.7％，全国20.1％であり，米国への輸出比率は相対的に小さい。

　関西の高齢化率（65歳以上）は高く，2015年25.8％であり，中部は25.4％，関

東は23.6％である。また，人口移動に関して，2015年，中部は1万300人減少し，関西は1万9,200人減少で，関西の減少幅が大きい。同年，関東は11万2,700人も増加している。25～39歳の減少が多く，とくに30代後半の減り方が顕著である[4]。関西は大学・短大の数が多く，2015年時点で全国比19.6％，関東のそれは24.4％，中部は12.6％であり，相対的に関西には大学・短大が多く設置されている。またそれに従って，大学・短大の学生数は関東が全国比43.8％と多いが，関西は20.8％，中部は10.0％と全学生の5人に1人は関西ということになる。そうなると，関西の大学を卒業し関西で働いてから十数年後関東に家族を引き連れて移動していることが考えられる。

関西の域内総生産は2014年度のデータであるが全国比15.7％であり，2割を大きく切っている。医療・福祉関係を見てみると，医療施設は多いが社会福祉施設は貧弱であることがわかる。医療施設1ヵ所あたりの人口は，2015年，関西は655人，関東は719人，全国は716人であり，相対的に医療施設は多い。しかし，人口千人あたりの社会福祉施設定員は，2015年で，関西は13.4人，関東は16.1人，全国は26.1人であり，関西の施設定員は少ない。

特許等出願件数については，2015年，関東は全国比57.5％と高いが，関西も23.1％と健闘している。なお，中部は12.2％である。しかし，ソフトウェア業務の名目労働生産性（1人あたりの付加価値額）に関して，関西は低く，2014年，関西1,312万円，中部1,316万円，関東1,713万円，全国1,539万円であるので，関東と実に400万円の大きな差がある。

関西の有効求人倍率は低く，失業率は高い。2015年のデータを見ると，関西は1.13，関東は1.24，中部は1.38で関西が一番低い。また，完全失業率は関西3.8％，関東3.4％，中部2.6％で関西が一番高い。

2014年度の関西の域内総生産は全国比名目15.70％（実質15.61％）であり，15％台を保っている。2001年度は名目15.98％（実質16.04％）であり，この14年間（2001年～2014年）名目実質とも15％台を維持している。なお，関東は2001年度は全国比名目39.21％，実質39.48％，2014年度は名目39.86％，実質39.79％，中部は2001年度が全国比名目14.91％，実質14.66％，2014年度は名目15.26％，

実質15.45％である。関東は名目実質とも39％台を維持し，中部は14％から15％台へと増加し関西に近づきつつある。

　各府県の域内総生産の規模は，大阪府の半分が兵庫県，兵庫県の半分が京都府，京都府の6割から7割が滋賀県である。2001年度から2014年度まで実質域内総生産（2005年連鎖価格表示）の平均成長率は，滋賀県1.44％，京都府0.86％，兵庫県0.78％，大阪府0.05％である。同期間における全国の平均成長率は0.63％，関西の平均成長率は0.44％であるので，大阪府の低成長は際立っている。その理由は，図表1-2，図表1-3，図表1-4でみるように，労働生産性の低い非製造業の割合が高いことによる。卸売，情報通信，サービス業（公共サービス，対個人サービス，対事業所サービス）をはじめ非製造業の労働生産性の向上が喫緊の課題となる。2015年国勢調査からみる関西2府4県の就業者の動きであるが，産業別で就業者の増加人数が一番多いのは，医療・福祉業で東京都の

図表1-2　名目域内総生産の内訳（2013年度）

（数字：％）

	第1次産業	第2次産業	第3次産業
滋賀県	0.71	41.03	57.37
京都府	0.43	25.29	73.45
大阪府	0.11	17.50	80.89
兵庫県	0.52	26.92	71.80
全国	1.05	24.09	74.18

図表1-3　実質域内総生産の内訳（2013年度）

（数字：％）

	第1次産業	第2次産業	第3次産業
滋賀県	0.70	44.63	53.94
京都府	0.45	26.58	72.39
大阪府	0.11	19.21	79.67
兵庫県	0.55	29.36	69.62
全国	1.09	26.04	72.49

図表1-4 各産業が産業全体に占める割合（名目県内総生産）（2013年度）

(単位：%)

	製造業	食料品	化学	一般機械	電気機械	輸送用機械	卸売業	不動産業	情報通信業	サービス業
滋賀県	40.8	2.2	7.8	6.6	5.2	4.5	2.2	17.0	2.1	16.8
京都府	23.4	8.1	0.9	1.9	3.6	1.4	5.2	19.0	3.8	23.2
大阪府	15.2	1.8	2.5	2.3	1.4	0.7	13.0	15.4	7.7	25.0
兵庫県	25.1	4.8	2.6	5.8	2.9	1.8	6.0	18.8	3.6	21.6

倍以上である。このほかビル管理や警備といった対事業所サービス業も東京都と同じぐらいの人数が増えている[5]。これらの産業の多くは労働生産性が低いので，労働生産性向上の実現をめざしていかなければならない。労働生産性が向上しないと製造業の賃金率に追いつかないままである。労働集約的な業種であるので労働生産性を向上させることは難しい面もあるが，医療・福祉などは需要がどんどん拡大していく分野であり，人と人とがつながることが重要な分野であるので，ITやAIが活躍する分野であろう。医療ロボットや福祉ロボットが人と人をつなぐ役割を果たしていくだろう。その結果，労働生産性の向上につながっていく。

図表1-4のように，滋賀県はモノづくりに強く，大阪府は卸売，情報通信，京都，兵庫の産業構造はバランスがいい。次節で分析するように，関西にとってはアジア諸国との関係が重要である。関西経済の特徴として「バランスのとれた産業構造」が言われているが，そのことはリーディング産業を持たないという点で弱みではある。しかし，バランスのよさはアジア諸国の旺盛で多様な需要に応えることができるという点で強みであるといえる。たとえば中国，韓国ではかなり需要の内容が異なっているが，多様な関西経済であったからそれに応えることができたと考えられる。

以上からうかがえる関西の姿は，年寄りと若者の地域であるが，若い人たちが働ける受け皿が少ない。特許等出願件数が高く，研究の盛んな大学が多いので，イノベーションには期待できるが，IT分野の労働生産性の遅れが目立つ。

関西経済は新興国であるアジアの経済成長に支えられ，なんとか経済規模を維持している。関西の製造業は，特定の産業に依存するのではなく，バランスのとれた構造で，優れた技術を誇る企業が厚く集積し，強い総合力を持っている。課題は医療・福祉の公共サービス，対事業所サービス，情報通信，卸売等非製造業の労働生産性の向上である。

4　景気連動性の計測

　日本を含め中国，韓国，インド，豪州，米国の景気指数はOECDのCLIを使う。関西（福井を含める）のCLIは以下のデータを用いる。

関西各府県のCLI（3系列）[6]：在庫率指数，新規求人倍率，近畿地区の段ボール生産額

　景気動向指数CIの先行指数を公表している府県（大阪府，兵庫県，奈良県，福井県）について共通の個別系列から，まず，データ利用のしやすさの観点から，在庫率指数と新規求人倍率の2つを選択した。それらに先行性を示している段ボール生産額[7]を加えて，合計3つの統計を採用しCLIを作成している。また，関西全体のCLIも同じ3つの系列で作成している。これらのデータを使い，各国，各地域の景気の関連性を見ていこう。どの国，どの地域が景気を引っ張っているだろうか，先行しているだろうか。あるいはお互いに影響し合っているだろうか，フィードバックの関係にあるのだろうか。

　ここでの分析方法は因果関係検定であるGranger Causality Testを用いる。まず，各CLIの単位根検定を行う。

単位根検定：ADF検定[8]　2008年1月から2016年8月

　帰無仮説は単位根を持っているという仮説である。検定結果は**図表1-5〜図表1-8**のとおりである。

図表1-5 日本CLI，関西CLI，米国CLIのADF検定結果

ADF検定

外生変数	日本		関西		米国	
	ラグ	P-値	ラグ	P-値	ラグ	P-値
定数項	3	8.82%	3	0.01%	3	0.71%
定数項・線形トレンド	3	2.39%	3	0.01%	3	0.25%
なし	3	60.27%	4	60.38%	4	66.58%

図表1-6 中国CLI，韓国CLI，豪州CLI，インドCLIのADF検定結果

ADF検定

外生変数	中国		韓国		豪州		インド	
	ラグ	P-値	ラグ	P-値	ラグ	P-値	ラグ	P-値
定数項	4	16.99%	3	0.03%	3	0.26%	3	30.66%
定数項・線形トレンド	4	75.69%	3	0.27%	3	0.45%	3	52.04%
なし	4	75.43%	5	87.54%	4	64.90%	3	86.96%

図表1-7 大阪府CLI，兵庫県CLI，京都府CLIのADF検定結果

ADF検定

外生変数	大阪府		兵庫県		京都府	
	ラグ	P-値	ラグ	P-値	ラグ	P-値
定数項	3	0.00%	3	0.01%	3	0.13%
定数項・線形トレンド	3	0.01%	3	0.01%	3	0.27%
なし	4	59.80%	4	61.48%	3	61.07%

図表1-8 滋賀県CLI，奈良県CLI，和歌山県CLI，福井県CLIのADF検定結果

ADF検定

外生変数	滋賀県		奈良県		和歌山県		福井県	
	ラグ	P-値	ラグ	P-値	ラグ	P-値	ラグ	P-値
定数項	3	0.01%	2	2.83%	3	0.21%	3	0.06%
定数項・線形トレンド	3	0.02%	2	7.77%	3	0.66%	3	0.15%
なし	4	63.86%	2	44.02%	4	54.23%	3	71.77%

各国，各地域すべてのCLIは単位根を持っている可能性があるので，CLIの一階階差の単位根検定を行った。その結果，すべて単位根がないことが確かめられたので，Granger TestはすべてCLIの一階階差で行うこととした。

Granger Causality Test

一階階差のデータを使い，検定のラグは2から6までで計測を行った。その結果からおおよそ以下のような関係が得られた。

日本CLIをjapancli，中国CLIをchinacli，韓国CLIをkoreacli，米国CLIをusacliと表そう。変数の一階階差を表すのに変数名の前に「d」を付けることにすると，日本CLI，中国CLI，韓国CLI，米国CLIの一階階差をdjapancli，dchinacli，dkoreacli，dusacliと表すことができる。一階階差の変数は単位根を持たないことが確認されたので，一階階差を使ってGranger Testを行った。帰無仮説は因果関係がないという仮説であり，日本と中国，日本と韓国について，例としてラグを4とした場合の検定結果を図表1-9に示そう。データ期間は2008年1月から2016年8月までであるので，観測数は104である。変数は一階階差を使い，ラグ次数が4であるので，計測式の観測数は99となる。まず，日本と中国，日本と韓国の関係を見てみよう。

図表1-9 日本と中国，日本と韓国の因果関係検定結果

lag=4	観測値	F統計量	確率
djapancliはdchinacliを引き起こしていない	99	0.403	0.805
dchinacliはdjapancliを引き起こしていない	99	5.736	0.0004
djapancliはdkoreacliを引き起こしていない	99	5.089	0.001
dkoreacliはdjapancliを引き起こしていない	99	2.494	0.0484

図表1-9から，中国の景気は日本の景気に先行して動き，韓国と日本の景気はお互いに影響しあっていることがうかがえる。次に，図表1-10でアメリカと中国，アメリカと日本の関係を見てみよう。

図表 1-10 米国と中国，米国と日本の因果関係検定結果

lag=4	観測値	F統計量	確率
dusacli は dchinacli を引き起こしていない	99	0.330	0.856
dchinacli は dusacli を引き起こしていない	99	9.690	0.0000
dusacli は djapancli を引き起こしていない	99	3.765	0.0071
djapancli は dusacli を引き起こしていない	99	1.652	0.167

図表1-10から，中国の景気はアメリカの景気より先行して動き，アメリカの景気は日本の景気より先行していることがわかる。関西，日本，中国，韓国，インド，豪州，アメリカの間の景気に関する関係を以下にまとめよう。

X → Y：X は Y に先行している，あるいは X は Y に影響を与えている
X ⇔ Y：X と Y はフィードバック関係にある，あるいは X と Y は影響し合っている
中国　　→　関西，日本，米国，豪州，インド
米国　　→　関西，日本，豪州
米国　　⇔　インド
関西　　⇔　韓国
日本　　→　関西
日本　　→　韓国
インド　→　韓国，豪州

関西 CLI を kansaicli と表すとすると，関西 CLI の一階階差は dkansaicli と表すことができる。帰無仮説は因果関係がないという仮説であり，関西と関西各府県の間の関係について，例示として，ラグを4とした場合の検定結果を図表1-11，図表1-12に示そう。

図表1-11をみると，大阪府は兵庫県に先行して動いており，滋賀県も兵庫県に先行して動いている。ところで，結果は示していないが，大阪府と滋賀県は影響し合っていない。図表1-12から，滋賀県は関西全体に先行して動いて

図表1-11 大阪府と兵庫県，滋賀県と兵庫県の因果関係検定結果

lag=4	観測値	F統計量	確率
dosakacli は dhyogocli を引き起こしていない	99	3.250	0.015
dhyogocli は dosakacli を引き起こしていない	99	0.224	0.924
dshigacli は dhyogocli を引き起こしていない	99	5.040	0.0010
dhyogocli は dshigacli を引き起こしていない	99	0.568	0.686

図表1-12 関西全体と滋賀県，関西全体と兵庫県の因果関係検定結果

lag=4	観測値	F統計量	確率
dkansaicli は dshigacli を引き起こしていない	99	0.575	0.680
dshigacli は dkansaicli を引き起こしていない	99	3.692	0.0079
dkansaicli は dhyogocli を引き起こしていない	99	2.872	0.027
dhyogocli は dkansaicli を引き起こしていない	99	0.576	0.680

いるが，他方，兵庫県は関西全体から影響を受けている。

関西全体，全国，関西各府県間の関係は以下のとおりである。

滋賀 → 兵庫，奈良，和歌山
大阪 → 兵庫
福井 → 兵庫，和歌山
関西 → 兵庫
滋賀 → 関西
全国 → 兵庫，京都，奈良，和歌山
滋賀 → 全国

兵庫県は滋賀県，大阪府，福井県から一方的な影響を受けている。関西全体との関係をみると，関西全体は兵庫県に一方的な影響を及ぼしているが，滋賀県は逆に関西全体に影響を及ぼしている。日本全体に関して見てみると，全国は兵庫県，京都府，奈良県，和歌山県に影響を与えているが，滋賀県は逆に全国より先行して動いている。このように滋賀県がリード役となり，関西や全国

に影響を与えている。そしてそれらから兵庫県は影響を受けている。

次に，関西と中国，韓国，米国について，さらに関西各府県と中国，韓国，米国についてGranger Testを行った。例として，関西全体と中国，関西全体と韓国について，ラグを4とした場合の検定結果を**図表1-13**に示そう。

図表1-13 関西と中国，関西と韓国の因果関係検定結果

lag=4	観測値	F統計量	確率
dkansaicli は dchinacli を引き起こしていない	99	1.614	0.177
dchinacli は dkansaicli を引き起こしていない	99	7.824	0.0000
dkansaicli は dkoreacli を引き起こしていない	99	4.232	0.0035
dkoreacli は dkansaicli を引き起こしていない	99	6.080	0.0002

図表1-13をみると，中国の景気は関西の景気に先行して動いていることがわかった。次に，関西と韓国の関係は，互いに影響し合っていることがわかった。関西の各府県と中国，韓国，米国の関係も計測した。その結果が以下にまとめられている。関西，関西各府県への影響に対して，中国と韓国の影響の仕方は大きく異なっている。

中国　→　大阪，京都，滋賀，奈良，福井
中国　⇔　兵庫
韓国　⇔　大阪，滋賀，福井
韓国　←　兵庫，京都，奈良，和歌山
米国　→　大阪，京都，滋賀，和歌山，福井

関西は中国とアメリカから影響を受け，韓国とはフィードバックの関係にある。中国とアメリカは関西の景気に先行しており，関西と韓国は互いに影響し合っている。

中国はほぼ関西全体の各府県に影響を与えているが，その中で兵庫県は中国とフィードバックの関係にある。韓国との関係は中国と大きく異なり，韓国は大阪府，滋賀県，福井県とはフィードバックの関係にあり，兵庫，京都，奈良，

和歌山は韓国に影響を及ぼしている。アメリカも中国同様，ほぼ関西全体の各府県に影響を及ぼしている。

5　おわりに

　中国経済の圧倒的な先行性が表れており，韓国経済の影響力は影をひそめた。中国は海外の多くの国々に影響を与え，また日本，関西に影響を与えている[9]。韓国は日本から影響を受け，関西とはフィードバックの関係にある。韓国と中国の影響の仕方は，2008年以前と比べて，大きく変貌している。

　兵庫県の産業構造はバランスがよく，日本のほかの地域からの影響を受けている。一方，兵庫県は中国とフィードバックの関係にあり，さらに韓国に影響を与えている。製造業の強い滋賀県は中国，米国からの需要により県内総生産の成長率が高く関西をリードしており，日本のほかの地域や全国へ影響を与えている。また滋賀県と韓国はフィードバックの関係にある。滋賀県と兵庫県はある国，ある地域から他の地域，他の国への中継地域になっている可能性がある。世界のGDPのうちアジアのGDPのシェアは2003年40％から2030年53％へと拡大していくとの予測[10]がなされており，関西の役割はますます重要になっていくであろう。

　関西は，大阪府を中心にして周りにモノづくりの地域や文化資産の地域をもつ，まさにバランスのとれた地域である。大阪府は，関西の中心として，金融，経営，商業の要でなければならない。関西のソフトウェア業務をはじめサービス業の労働生産性はイノベーションによって高めていかなければならず，AI，IoTを使ってサービス業の製造業産業化を進めていく必要があるのではないだろうか。これには産業界と大学の協力が必要である。また，関西の高い特許等出願件数が大学と産業界の研究開発に対する連携をさらに強め，関西のイノベーションにつながっていくことが期待される。製造業が強い関西であるので技術力は優れているが，それとともにそれを生かす経営力が重要であり，製造業のサービス産業化を図る必要がある。

多くの大学が郊外にあり，東京のように大きな大学が都会の中にない。大阪環状線の各駅の魅力的な整備もさることながら，たとえば理系が強い大阪大学や梅田に点在する関西の大学のビジネススクール（MBA）を固めて環状線の内に設置することができないだろうか。若者が大阪の中心で活躍する空間が求められる。

人口減に対しては交流人口を増やすことが考えられる[11]。豊富な観光資源をもつ関西である。京都市，大阪市，神戸市という異なる個性をもつ三都市がある。行政と民間の連携，自治体間の連携，産業間の連携，地域住民と民間企業の連携によって潜在的な需要を喚起できる可能性がある。大学での観光学の研究も関西で行われている。国際会議も盛んである[12]。50人以上，日本を含む三ヵ国以上が参加し，開催期間1日以上の国際会議は，2012，2013年とも600件以上，2014年は618件（日本全体の23.7％）であり，関東906件（34.8％）には及ばないが，中部210件（8.1％）をはるかに超えている。

関西の復権を求める声がよく聞かれるが，復権ではなく，新しい関西を創造していくことが必要であろう。そのためには産業界と大学の連携，再編をダイナミックに進めていかなければならない。その中心は，関西のもつ技術力も重要であるが，関西のもつ人間力であるだろう。面白い人材を育てる環境は，東京から離れて自由な気風にあふれた，関西に整っている。

●注

1　アジア太平洋研究所（2016）「Chapter 4　日本・関西経済の回顧と展望，Section 3　関西府県別の動向，2．府県別のCLI指標」で関西全体，関西各府県のCLIが取り扱われている。関西CLIの作成については，豊原（2017）を参照せよ。
2　OECDのCLIデータおよびそれぞれの国の採用系列については，OECD.Statに詳細が掲載されている。
3　『関西経済白書2016』「表4-2-7　全国および関西の品目別輸出」，「資料編　データでみる関西」，『県民経済計算』（内閣府）。
4　日本経済新聞2016年7月9日朝刊関西版「国勢調査から見る近畿・上」。滋賀県のみわずかであるが増加している。
5　日本経済新聞2016年7月12日朝刊関西版「国勢調査から見る近畿・中」。

6 『関西経済白書2016』「府県別のCLI指標」(113ページ〜)。
7 髙林・豊原(2015)。
8 ラグ次数の決定はSICに基づいている。ADFテストも含め，計算はGranger Test とともにEviewsを利用した。
9 中国経済の将来予測(日本経済新聞2016年12月30日朝刊「来年予測 中国6.4%成長に減速」)によると，中国の経済成長は減速が続く見通しである。不動産バブルも警戒されるが，中国経済は投資から消費へと需要の変化が起きており，堅実な経済へと向かっているとも考えられる。
10 日本経済新聞2017年1月1日朝刊「断絶を超えて 破壊と創造の500年」。
11 入江・髙林(2012)。
12 『関西経済白書2016』「データでみる関西」。

● 参考文献────────────

アジア太平洋研究所(2016)『アジア太平洋と関西 関西経済白書2016』丸善プラネット。
入江啓彰・髙林喜久生(2012)「人口動態から考える関西の地域戦略」根岸紳編著『関西経済の構造と景気指数』日本評論社，第2章，17-35ページ。
奥本佳伸(2013)「OECDの景気先行指数(Composite Leading Indicators)について」『経済研究』(千葉大学)第27巻第4号，2013年3月，225-250ページ。
奥本佳伸・小林進(2012)「OECD景気先行指数」『景気とサイクル』(景気循環学会)第54号，2012年11月，77-99ページ。
髙林喜久生・豊原法彦(2015)「段ボール生産と景気変動に関する一考察：関西経済を中心に」『産研論集』(関西学院大学産業研究所)第42号，2015年3月，35-43ページ。
田原昭四(1998)『日本と世界の景気循環』東洋経済新報社。
豊原法彦(2017)「関西CLIの作成とそれに基づく基調判断」『経済学論究』(関西学院大学経済学部研究会)第71巻第2号，2017年9月，175-196ページ。
内閣府『県民経済計算』http://www.esri.cao.go.jp/jp/sna/sonota/kenmin/kenmin_top.html
根岸紳(2012)「東アジアと関西」根岸紳編著『関西経済の構造と景気指数』日本評論社，第9章，183-204ページ。

第2章

関西経済発展の可能性を探る
――日中韓地域間アジア国際産業連関表による計量分析

◆

1 はじめに

　本章はアジア経済研究所が2013年に公表した「2005年日中韓地域間アジア国際産業連関表」に基づく分析である。この国際表のフレームワークは，同研究所が2006年に発表した「2000年日中地域間アジア国際産業連関表」に準拠している（桑森・玉村・佐野（2016））。

　本章は，日中韓三ヵ国の主要地域間の産業連関の相互依存関係についての現状分析に関するパイロット的な研究である。関西地域，中部地域そして関東地域の経済力を国際的な枠組みのもとで比較検討する目的を持つ。

　この日中韓地域間国際産業連関表は，日中韓三ヵ国および台湾，アセアン，香港およびアメリカにおける各産業の生産活動の相互依存関係を明らかにするため，これらの地域の国内および国際間で行われたすべての財・サービスの取引を一覧表にまとめたものである。日本9地域（北海道，東北，関東，中部，近畿，中国，四国，九州，沖縄），中国7地域（東北，華北，華東，華南，華中，西北，西南），韓国4地域（首都圏，中部圏，嶺南圏，湖南圏）間の経済相互依存関係を把握することにより，最終需要が与える経済波及効果の国際的な広がりを考察する。

　すでに，福井（2012），福井（2013）および福井（2016）において，若干の分析を展開しており，本章は，その続編をなすものである。福井（2012）では，

2000年日中地域間アジア国際産業連関表に基づいて，関西地域を中心とした，日中両国の主要地域間の相互依存関係の数量分析を展開した。関西地域の経済にとっては，華中を除く沿海部4地域の存在感は大きいことを明らかにした。続いて，福井（2013）では，誘発付加価値の観点から，各国地域の国際分業度に関する定量分析を行った。日本のみならず，中国の沿海部，韓国・台湾，アセアンそしてアメリカを含めたアジア各国間の産業ネットワークのなかで活発な経済活動を展開していることを明らかにした。福井（2016）では，アジア各国の自動車産業の生産活動がアジア地域にもたらす付加価値誘発の広がりを国際分業に基づいて分析した。アセアン各国の自動車生産は国際的な依存関係により日本の自動車産業（部品産業を含む）のみならず，日本の産業活動全体に大きく依存していることを数量的に明らかにした。

　本章のねらいは関西経済自体の予測ではなく，現状分析である。日中韓地域間国際連関表にもとづく生産誘発の波及分析にあることをあらかじめ断っておきたい。

2　2005年日中韓地域間アジア国際産業連関表の見方およびモデル式

2-1　2005年日中韓地域間アジア国際産業連関表の特徴

　この日中韓地域間アジア国際産業連関表は日中韓の三ヵ国の国際産業連関に限定したものではなく，アセアン五ヵ国（インドネシア，タイ，マレーシア，フィリピン，シンガポール），台湾，香港，アメリカを内生部門として含んでおり，『2000年アジア国際産業連関表』の拡大版ともいえる。さらに，日中韓三ヵ国については統計の範疇を三ヵ国の地域ブロックにまで拡大しており，三ヵ国の地域ブロック間の連関構造の解明をも目指しており，アジア経済研究所が過去40年間にわたって蓄積してきたアジア国際産業連関表の守備範囲を一気に拡大し深化した意欲的なデータベースといえよう。

　この国際産業連関表の価格表示は1,000ドル単位である。

2-2　日中韓国際産業連関表の表章形式

本章では，次の**図表2-1**を用いて分析モデル式を作成している。また，その際の記号も表のとおりである。

① 国・地域ブロック
　(a)　内生6ヵ国（地域）
　　　Japan：日本（略称．J）
　　　China：中国（C）
　　　Korea：韓国（K）
　　　台湾：（N）
　　　ASEAN 5：マレーシア，インドネシア，タイ，フィリピン，
　　　　　　　　シンガポール（Q）
　　　U.S.A：アメリカ（U）
　(b)　外生2ヵ国（地域）
　　　香港：（H）
　　　その他世界（R）
　(c)　諸変数
　　　BF：International Freight & Insurance（国際運賃および保険料）
　　　DT：Duties & Import Commodity Taxes（関税および輸入商品税）
　　　VV：Sub-total（付加価値合計）（V）
　　　XX：Total Input, Total Output（国内生産額）（X）
　　　FJ 1：民間消費支出（Jは日本，英字は国，地域を示す）
　　　FJ 2：政府消費支出
　　　FJ 3：固定資本形成
　　　FJ 4：在庫投資
　　　FJ 5：調整項目

図表2-1　2005年日中韓地域間アジア国際産業連関表の構造

	Intermediate Demand			Final Demand								Discrepancy	Output Total
	CHINA	JAPAN	KOREA	CHINA	JAPAN	KOREA	TAIWAN	ASEAN5	USA	香港	ROW		
code	(C)	(J)	(K)	(FC)	(FJ)	(FK)	(FN)	(FQ)	(FU)	(FH)	(FW)	(QX)	(XX)
CHINA (C)	X^{CC}	X^{CJ}	X^{CK}	F^{CC}	F^{CJ}	F^{CK}	F^{CN}	F^{CQ}	F^{CU}	F^{CH}	F^{CW}	Q^C	X^C
JAPAN (J)	X^{JC}	X^{JJ}	X^{JK}	F^{JC}	F^{JJ}	F^{JK}	F^{JN}	F^{JQ}	F^{JU}	F^{JH}	F^{JW}	Q^J	X^J
KOREA (K)	X^{KC}	X^{KJ}	X^{KK}	F^{KC}	F^{KJ}	F^{KK}	F^{KN}	F^{KQ}	F^{KU}	F^{KH}	F^{KW}	Q^K	X^K
BF	B^{AC}	B^{AJ}	B^{AK}	BF^{AC}	BF^{AJ}	BF^{AK}							
TAIWAN (N)	X^{NC}	X^{NJ}	X^{NK}	F^{NC}	F^{NJ}	F^{NK}							
ASEAN5 (Q)	X^{QC}	X^{QJ}	X^{QK}	F^{QC}	F^{QJ}	F^{QK}							
USA (U)	X^{UC}	X^{UJ}	X^{UK}	F^{UC}	F^{UJ}	F^{UK}							
香港 (H)	X^{HC}	X^{HJ}	X^{HK}	F^{HC}	F^{HJ}	F^{HK}							
ROW (W)	X^{WC}	X^{WJ}	X^{WK}	F^{WC}	F^{WJ}	F^{WK}							
DT	DA^C	DA^J	DA^K	DF^C	DF^J	FA^K							
VV	V^C	V^J	V^K										
XX	X^C	X^J	X^K										

(d) 基本方程式

$$X^{pq} = \left(x_{ij}^{pq} \right) \qquad (p, q = C, J, K, N, Q, U\ ;\ i, j = 1, \cdots, 10)$$

i, j は部門を示し，10部門分類である。

$$V^p = \left(v_{ij}^p \right) \qquad (p = C, J, K, N, Q, U:\ i = 1, \cdots, 4,\ j = 1, \cdots, 10)$$

ただし，付加価値 V^p (p = C, J, K, N, Q, U) は次の4種類からなっている。

v_1＝賃金　　v_2＝利潤　　v_3＝減価償却　　v_4＝間接税－補助金

② 日中韓の地域分類

　J：Japan（日本）

　　J1：北海道

　　J2：東北地方―青森・岩手・秋田・宮城・山形・福島

　　J3：関東地方―東京・神奈川・埼玉・群馬・栃木・茨城・千葉

　　J4：中部地方―新潟・富山・石川・福井・長野・山梨・静岡・岐阜・愛知

　　J5：近畿地方―滋賀・京都・奈良・三重・和歌山・大阪・兵庫

　　J6：中国地方―岡山・広島・山口・鳥取・島根

　　J7：四国地方―徳島・香川・愛媛・高知

　　J8：九州7県

　　J9：沖縄

　C：China（中国）

　　C1：東北地域―遼寧省・吉林省・黒龍江省

　　C2：華北地域―山西省・河北省・北京市・天津市・内モンゴル自治区

図表2-2　中国の7地域の構成図

C3：華東地域—山東省・浙江省・江蘇省・安徽省・福建省・江西省・上海市

C4：華南地域—広東省・海南省・広西チワン族自治区

C5：華中地域—湖南省・湖北省・河南省

C6：西北地域—陝西省・寧夏回族自治区・甘粛省・新疆ウイグル族自治区・青海省

C7：西南地域—雲南省・四川省・チベット自治区・貴州省・重慶市

（特別地域：マカオ特別行政区）

K：Korea（韓国）

K1：首都圏—京畿道・ソウル特別市・仁川広域市

K2：中部圏—江原道・忠清北道・忠清南道・大田（テジョン）広域市

K3：嶺南圏—慶尚北道・慶尚南道・釜山広域市・大邱（テグ）広域市・蔚山（ウルサン）広域市

K4：湖南圏—全羅北道・全羅南道・光州（クァンジュ）広域市・済州島

図表2-3　韓国の4地域の構成図

③ 部門分類

日中韓地域間アジア国際産業連関表は，各地域の産業部門を10部門および15部門に分割している。本章では，つぎの10部門を扱う。

(1) 農業・畜産・林業・漁業（農林水産業と略す，以下同様），（2）鉱山業・採石業（鉱業），（3）家庭の消費財生産物（消費財製造業），（4）基本的な工業原料（基礎資材製造業），（5）加工と組立（組立製造業），（6）電気，ガス，給水（電気ガス水道業），（7）建築業，（8）商業，（9）輸送業，（10）サービス業

(2) 内生部門数は23である。すなわち，中国7地域，日本9地域，韓国4地域に加えて，台湾，アセアン，アメリカの計23地域である。かくして，部門分類数は，各地域内産業部門が10部門の場合は総計230。なお，香港そしてその他世界の2部門は外生部門である。

3　日中韓の地域間連関の計測

最終需要項目に関する計測は基本的に100部門である。中国7地域，日本9地域，韓国4地域，台湾，アセアン，アメリカ，香港，その他世界の計25地域に対して，民間消費（コード番号1），政府消費（2），粗固定資本形成（3）および在庫変動（4）の4種類の最終需要項目を対応させるので，総計100部門となる。

3-1　波及効果の比較

① 関東，中部および近畿の波及効果の比較検討

図表2-4は，関東，中部そして近畿の3地域に絞った，波及効果の計測結果である。たとえば，近畿地域の組立製造業に1単位の最終需要が与えられたときの国際的な産業連関の波及効果の総合効果を示す。この最終需要を満たすためには直接的かつ間接的に総計2.37単位（5行目3列目）の生産を誘発する。中部は2.63と他の部門を含めても最大である。各行の最大値をゴチックで示す。

図表2-4　わが国主要3地域の波及効果の比較

部門	関東	中部	近畿	最大較差率
農林水産	1.87	1.92	1.83	5.1%
鉱業	2.09	2.13	2.29	−8.5%
消費財製造	2.11	2.14	2.07	3.4%
基礎資材製造	2.09	2.15	2.17	−3.4%
組立製造	2.47	2.63	2.37	11.1%
電気ガス水道	1.81	1.78	1.80	−1.3%
建築	2.03	2.03	2.04	−0.1%
商業	1.58	1.53	1.57	−2.3%
輸送	1.75	1.68	1.71	1.9%
サービス	1.59	1.57	1.57	1.1%

この地域の製造業の強さを示すとみてよい。関東2.47であり，これら3地域の組立製造業はいずれも他の部門に与える生産誘発効果は強いことになる。商業部門はどの地域も1.50台であり相対的に小さい。

　この図表の最右列は近畿地区を1とした場合の関東と中部の比率のうち較差が大きいほうを最大較差率として示している。たとえば，農林水産の場合，近畿の1.83を1とした場合，関東の比率は1.02。中部の比率は1.051となるので，最大較差率は5.1%となる。

　わが国の主要3地域の10部門の波及効果に関する係数は類似しているといえる。最大較差率を示すのは基礎資材製造の11.1%である。近畿が2.37，中部が2.63であり，関東はほぼ中間の2.47である。マイナスでは鉱業の−8.5%である。近畿が2.29で関東は最小の2.09である。3地域の波及効果にはいずれの部門であっても大きな差はないことになる

② 各地域の最終需要の生産誘発係数の比較検討

　次の図表2-5は，アジア各国の各最終需要項目（民間消費，政府消費そして粗固定資本形成）がこれらの地域の生産を直接，間接に誘発する程度を示している。たとえば，先頭のFC21の2.698とは，中国華北地域（C2）の民間消費

図表2-5　アジア全体の生産誘発係数のランキング

順位	地域	最終需要項目	誘発係数	順位	地域	最終需要項目	誘発係数	順位	地域	最終需要項目	誘発係数
1	FC 2	2	2.698	25	FK 3	1	2.102	49	FJ 7	3	1.874
2	FC 3	2	2.660	26	FK 4	2	2.066	50	FJ 8	1	1.853
3	FC 2	1	2.655	27	FK 4	1	2.060	51	FJ 8	2	1.826
4	FC 3	3	2.632	28	FK 4	3	2.060	52	FJ 2	1	1.820
5	FC 2	3	2.627	29	FJ 4	3	2.060	53	FJ 9	3	1.819
6	FC 3	1	2.612	30	FK 2	3	2.049	54	FJ 7	1	1.817
7	FC 5	2	2.552	31	FK 2	1	2.046	55	FJ 1	3	1.817
8	FC 5	1	2.532	32	FK 2	2	2.046	56	FJ 2	2	1.805
9	FC 5	3	2.501	33	FJ 5	3	2.028	57	FJ 7	2	1.787
10	FC 4	1	2.406	34	FJ 3	3	2.027	58	FU 0	3	1.778
11	FC 7	1	2.395	35	FQ 0	3	2.011	59	FU 0	1	1.777
12	FC 7	2	2.392	36	FK 1	1	2.009	60	FJ 9	1	1.771
13	FC 4	2	2.384	37	FK 1	3	2.005	61	FJ 1	1	1.768
14	FC 0		2.371	38	FQ 0	1	2.005	62	FU 0	2	1.766
15	FC 6	1	2.367	39	FQ 0	2	2.001	63	FJ 4	1	1.749
16	FC 7	3	2.363	40	FK 1	2	1.986	64	FJ 9	2	1.737
17	FC 4	3	2.349	41	FJ 6	1	1.963	65	FJ 3	1	1.730
18	FC 6	2	2.333	42	FN 0	3	1.937	66	FJ 5	1	1.730
19	FC 1	1	2.326	43	FJ 6	2	1.933	67	FJ 1	2	1.726
20	FC 1	2	2.319	44	FN 0	1	1.928	68	FJ 9	2	1.593
21	FC 1	3	2.312	45	FJ 8	3	1.920	69	FJ 5	2	1.576
22	FC 6	3	2.311	46	FN 0	2	1.917	70	FJ 4	2	1.570
23	FK 3	2	2.127	47	FJ 6	1	1.917		LH 0	900	2.229
24	FK 3	3	2.105	48	FJ 2	3	1.891		LW 0	900	2.007

（1），すなわちC21が1単位増加したときにアジア全体として2.698単位の生産を増大させることを示している。生産誘発係数のランキングは次の2点で衝撃的である。

(1) まず，上位22位までは中国の最終需要が独占している。23位以下28位までは，韓国の最終需要が続き，29位から41位までに，日本，韓国そしてアセアンが入り乱れるように続く。その後は各国の最終需要項目が入る。42位から70位の間に日本と台湾とアメリカが入る。ただし，台湾は42位，44位そして

46位,アメリカは58位,59位そして62位である。

中国のランキングを詳細に見ると,興味深い。ほぼ地域ランキングにもなっているところにひとつの特色がある。華北地域（地域番号2,以下同様）と華東地域(3)が上位6位までを独占し,その後に華中地域(5)が9位までを占める。華北地域の政府消費の生産誘発係数は2.698であり,華東地域,華中地域のそれは2.660および2.552である。政府消費の内実は,その過半が公務員給与である。彼らが公共サービスを供給しそれを政府消費とカウントしていることを考えると,中国の産業政策の一端がうかがえるともいえる。

これら3地域は,中国経済の中心部である。北京市と天津市がある華北地域と,上海市がある華東地域,その東に位置する華中地域（代表都市は武漢市）である。これらの地域の誘発係数はすべて2.50を超える。とくに,中国工業化の推進役である沿岸部の地域が上位を占める構図になっている。

10位の華南地域の民間消費が2.406と約0.1ポイント小さい,11位の西南地域の民間消費以下はすべて2.3台であることを考えると,これら上位3地域の経済波及効果は非常に大きい。次の地域的な順位としては,おおよそ,華南地域(4)と西南地域(7)が続き,最後に西北地域(6)と東北地域(1)が続く。中国最小の誘発係数は西南地域の総固定資本形成の2.311である。重工業地域である東北地域が,国内的には産業の波及力が相対的に弱いことはこの地域の今後の発展のハードルの高さを示唆していると考えられる。

(2) 次に,この生産誘発係数の大きさが従来の日本の感覚から見ると飛びぬけて高い。

かつて日本が高度成長時代の生産誘発係数は,1965年粗固定資本形成2.24,輸出2.27,同じく1970年2.17と2.05,そして1975年2.24と2.38であった（行政管理庁）。中国ではトップが2.698で,最下位ですら2.311である。この係数は,西北地域の民間消費1単位の最終需要が2.311単位の生産を誘発することを意味する。中国の後方連関の波及効果のパワーは非常に大きい。生産の増大は雇用の増大を伴うわけで,波及力の強さが中国の経済の拡大をもたらしている可能性が強い。14位のFC0は統計的不突合部門を示す。

さらに，補足的に次の諸点を挙げることができる。

中国の最終需要の項目に注目すると，民間消費と政府消費の比較対象が興味深い。特定の最終需要項目の波及効果がとくに他の最終需要項目に比して大きいという結果は出ていない。かつての日本では輸出と設備投資がけん引役を演じていた。あえて，中国各地域の特徴を述べると，地域毎の誘発係数のなかで，1位民間消費が4地域，1位に政府消費がくるのは3地域である。各需要項目別の単純平均は，民間消費2.470，政府消費2.477，粗固定資本形成2.781である。中国の場合，とくに政府消費がマクロ的に民間消費と同等に地域経済のけん引役を演じていることは興味深い。

(3) この点で対照的であるのは，日本である。9地域すべてにおいて，誘発係数のランキングは，中国地域を除いてすべて粗固定資本形成，民間消費そして政府消費の順番となる。地域ランキングを見ても，中国のように地域別の特徴としては見出せない。

日本の誘発係数の最大値は中部地域の粗固定資本形成の2.060であり，中国トップの2.698とは0.638ポイントの差がある。中国最下位の2.311とでも0.251ポイントの差がある。近畿および関東のそれらも，2.028と2.027である。それでも，日本で経済の一番のけん引役を演じているのは粗固定資本形成であることになる。

(4) この図表からの帰結としての要約はつぎのようになる。中国の誘発係数は日本よりも大きく，しかも華北，華中，華東3地域をトップとする見事な地域ランキングとなっているのに対して，日本の誘発係数は，粗固定資本形成，民間消費そして政府消費の序列の最終需要項目ランキングとなっている。

3-2　3地域別最終需要項目別の生産誘発効果

① わが国9地域別最終需要項目別の生産誘発係数の比較

つぎの**図表2-6**は，わが国の地域別かつ最終需要項目別に分割して生産誘発額を見たものである。**図表2-6**の2列目の記号をまず説明する。J_{ij}のiは地域，jは最終需要項目を示す。iに関しては，北海道は1，東北は2とする

(2-2②節参照)。jに関しては，民間消費は1，政府消費は2，そして固定資本形成は3である（2-2①節参照)。したがって，たとえば，近畿の固定資本形成をJ53と記す。

図表2-6 わが国の9地域別・最終需要項目別の生産誘発係数の内訳

地域	地域別最終需要項目	生産誘発係数	日本全体	地域内	日本他地域	中国	韓国	台湾	アセアン	アメリカ	海外小計
1 北海道	J11	1.768	94.4%	59.3%	35.1%	2.2%	0.6%	0.2%	0.9%	1.7%	5.6%
	J12	1.726	97.2%	79.7%	17.5%	0.8%	0.4%	0.1%	0.5%	1.0%	2.8%
	J13	1.817	94.2%	58.9%	35.3%	2.2%	0.7%	0.2%	0.9%	1.8%	5.8%
2 東北	J21	1.820	93.7%	53.9%	39.7%	2.6%	0.6%	0.1%	1.6%	1.5%	6.3%
	J22	1.805	96.3%	74.0%	22.3%	1.2%	0.4%	0.1%	1.1%	0.9%	3.7%
	J23	1.891	90.6%	48.1%	42.5%	5.2%	0.8%	0.3%	1.7%	1.4%	9.4%
3 関東	J31	1.730	93.2%	74.7%	18.6%	2.9%	0.4%	0.3%	1.3%	1.7%	6.8%
	J32	1.593	97.9%	91.1%	6.8%	0.5%	0.2%	0.1%	0.4%	0.9%	2.1%
	J33	2.027	91.2%	69.0%	22.3%	3.3%	0.6%	0.5%	1.7%	2.6%	8.8%
4 中部	J41	1.749	90.6%	52.9%	37.8%	5.7%	0.5%	0.4%	1.6%	1.2%	9.4%
	J42	1.570	97.7%	82.7%	15.0%	0.9%	0.2%	0.2%	0.5%	0.6%	2.3%
	J43	2.060	92.2%	52.0%	40.2%	3.4%	0.6%	0.6%	1.7%	1.5%	7.8%
5 近畿	J51	1.730	91.3%	61.0%	30.3%	5.2%	0.5%	0.3%	1.4%	1.2%	8.7%
	J52	1.576	97.7%	85.3%	12.5%	0.9%	0.2%	0.2%	0.5%	0.6%	2.3%
	J53	2.028	90.7%	55.2%	35.5%	4.7%	0.6%	0.6%	1.9%	1.5%	9.3%
6 中国	J61	1.917	92.0%	52.4%	39.6%	3.7%	1.4%	0.3%	1.7%	1.0%	8.0%
	J62	1.933	95.2%	73.7%	21.5%	1.4%	1.2%	0.2%	1.3%	0.7%	4.8%
	J63	1.963	91.8%	49.4%	42.4%	3.1%	1.7%	0.3%	1.8%	1.2%	8.2%
7 四国	J71	1.817	92.3%	49.1%	43.3%	3.1%	0.8%	0.3%	2.3%	1.1%	7.7%
	J72	1.787	95.6%	71.9%	23.7%	1.1%	0.6%	0.2%	1.7%	0.8%	4.4%
	J73	1.874	90.4%	46.0%	44.5%	4.4%	1.1%	0.5%	2.4%	1.2%	9.6%
8 九州	J81	1.853	92.6%	58.2%	34.5%	3.1%	0.8%	0.6%	1.7%	1.1%	7.4%
	J82	1.826	95.9%	75.2%	20.6%	1.3%	0.6%	0.5%	1.1%	0.7%	4.1%
	J83	1.920	90.0%	48.6%	41.4%	4.0%	1.2%	1.1%	2.3%	1.4%	10.0%
9 沖縄	J91	1.771	93.7%	60.6%	33.1%	2.0%	0.8%	0.5%	1.3%	1.7%	6.3%
	J92	1.737	96.0%	77.6%	18.4%	1.2%	0.6%	0.3%	0.9%	1.0%	4.0%
	J93	1.819	93.6%	56.9%	36.7%	1.7%	0.6%	0.5%	1.0%	2.6%	6.4%

図表2-7 地域別・最終需要別の生産誘発係数の比較

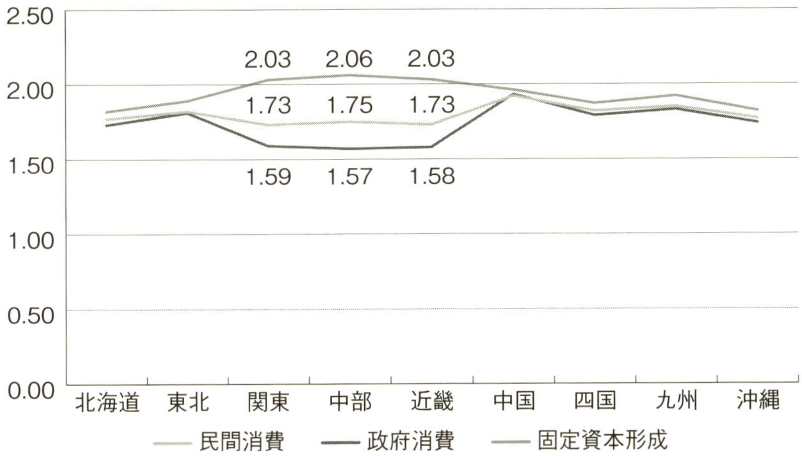

[グラフ: 横軸 北海道、東北、関東、中部、近畿、中国、四国、九州、沖縄。凡例: 民間消費、政府消費、固定資本形成。関東2.03/1.73/1.59、中部2.06/1.75/1.57、近畿2.03/1.73/1.58]

　各地域の1行目は民間投資，2行目は政府消費そして3行目は固定資本形成である。日本の各地域の民間消費が与える生産誘発効果に関する計算結果を吟味したい。

　生産誘発係数を地域別に見る（**図表2-7**参照）。需要項目別に見て大きな特徴がある。関東，中部，近畿の3地域は，他の6地域とは大きく異なる。民間消費に関しては，他の6地域との差異は少ないけれども（3地域平均1.74vs.6地域平均1.82），政府消費については，相対的に大きく（同1.58vs.1.80），固定資本形成についても大きい（同2.04vs.1.88）。

② 　関東，中部，近畿3地域の最終需要が誘発する生産の波及範囲の比較検討
　次の図表2-8から図表2-10は，上記3地域の最終需要が誘発する生産の波及効果を，自地域と国内8地域の比率で計算したものである。ただし，上部頂点は関東，右下頂点は中部，左下頂点は近畿である。
◆民間消費
　まず，3地域の最終需要がそれぞれに誘発した生産額全体のなかで，関東は誘発生産額の93.2%，中部は90.6%そして近畿は91.3%を国内で誘発している。

図表2-8 自地域の民間消費が誘発する国内への波及効果の比較

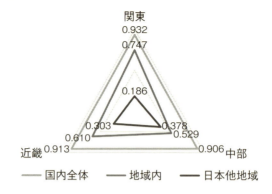

関東は国内に与える誘発効果は，近畿と中部のそれよりも2ポイント上回っている。

つぎに，自地域に限定すると，関東の最終需要の74.7%は自地域内で産出しているのに対して，近畿は同じく61.0%，中部は52.9%と相対的に小さい。関東は自らの民間消費が誘発した生産の約4分の3をうまく自地域内で取り組んでいることになる。国内他地域に誘発した産出額は，関東が18.5%（＝93.2%－74.7%，以下同様），中部が37.8%そして近畿が30.3%である。この点で関東は自地域内誘発型，中部は他地域誘発型，そして近畿はその中間となる。

◆政府消費

3地域の政府消費が与える生産誘発額の97%以上は国内の生産を誘発している。関東97.9%，中部97.7%，近畿97.8%である。政府消費には中央政府のみならず地方自治体の公的消費を含むから，自地域内に誘発した生産比率は，民間消費に比して実に大きい。関東91.1%，中部82.7%，近畿85.3%である。関東はわが国の政治の中枢にあるためか自地域内への誘発効果は大きく，唯一9割を超えている。政府消費がその性格から他地域に及ぼす誘発生産額は相対的に小さくなるのは当然である。

図表2-9 自地域の政府消費が誘発する国内への波及効果の比較

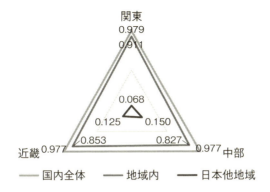

◆固定資本形成

3地域の固定資本形成が与える生産誘発額の90％以上は国内の生産を誘発している。関東91.3％，中部92.2％，近畿90.7％である。逆にいえば，わが国主要3地域の固定資本形成が誘発する生産の1割弱は海外の生産を誘発していることになる。こうした漏出傾向は国内においても同様で，他地域に関東は22.3％，中部は40.2％そして近畿は35.5％を他地域に出している。固定資本形成を支える産業間の連関関係は地域を越えて強いので，計数的にもこのような傾向を示唆している。ただし，関東の22.3％は中部と近畿に比して相対的に小さく，この地域の製造業の相互連関の強さを示しているとみてよいだろう。

図表2-10 自地域の固定資本形成が誘発する国内への波及効果の比較

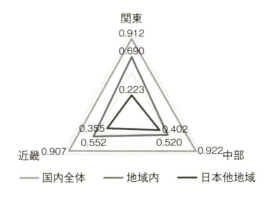

◆海外への波及効果の比較

　図表2-11は主要3地域の固定資本形成が与えた中国，韓国，台湾，アセアンそしてアメリカの海外5地域・国への波及効果である。近畿は中国への波及効果が強く（4.7%），関東はアメリカへの波及効果が強い（2.6%）ことが明らかとなる。

　中国への波及効果が最大の地域は東北（5.2%）であり，近畿を凌駕している。これは環日本海経済圏の勃興を示す重要な数値であるかもしれない。この点に関してはより詳細な数量研究が必要となる。韓国への波及効果が強いのは九州ではなくて九州と近畿に挾まれた中国である。アメリカへの波及効果が強いのは，関東だけでなく沖縄があり，いずれも2.6%である。

　筆者は，福井（2012）において，「（我が国は）国土の地理的な狭さも影響しているためか，他の地域への波及効果の漏れが中国に比して格段に大きい。逆にいうと，他地域も当該地域に依存しているわけで，地域間の相互依存関係が非常に強い」。この傾向は，『2005年日中韓地域間アジア国際産業連関表』においても裏付けられた。かつてチューネンの孤立国の理論モデルにあてはまるとされた地域は北海道であった。同表から見る限り，孤立国に該当するのは，やや誇張的にいえば，それは関東地域である。民間消費74.7%は2位の近畿

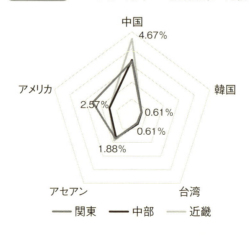

図表2-11　三地域の海外への波及効果の比較

61.0%を圧倒しており，政府消費においても関東91.1%も2位の85.3%を，そして固定資本形成69.0%も同じく2位の沖縄の56.9%を圧倒している（**図表2-6**）。

4 生産誘発依存度から見た関西経済の姿

4-1 産業構造の比較

本章では，生産依存度から見た3地域の比較検討を，10部門ベースで行う。

まず，3地域の経済力を概観する。**図表2-12**はこれら3地域の産業別の国内総生産の大きさを示す。関東地域は3兆7,076億ドルである。これに対して，近畿1兆3,820億ドル（対関東37.3%），および中部1兆1,438億ドル（同30.9%）である。

図表2-12 3地域の国内総産出（単位：10億ドル）

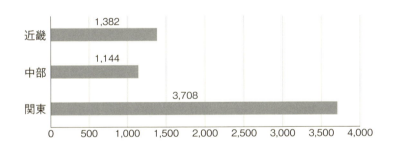

図表2-13は，産業構造を示している。大きな特徴の1つは近畿と関東の産業構造は比較的類似していることである。商業の比率はともに12.3%と等しいことである。ただし，サービス部門の比率は関東が43.6%，近畿40.0%とやや高い分だけ，基礎資材製造部門の比率が近畿15.0%，関東11.9%とやや高い。中部は異色である。組立製造部門の比率29.2%は近畿の13.1%や関東の14.1%の2倍あり，しかも基礎資材製造の比率15.8%は，近畿の15.0%や関東の14.1%に比して相対的に高い。要するに中部はものづくり中心の産業構造を保持して

いる。

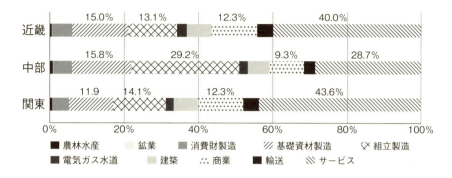

図表2-13　3地域の産業構造の比較

4-2　3地域の生産依存度

① 生産依存度の単純平均の比較

以下では，3地域の各最終需要項目がどの程度自地域の生産を誘発しているかを検討する。自地域のある最終需要項目によって自地域の生産が大きく創出されるならば，この産業は，自地域の最終需要に対する依存度が高いことになる。地域で生産した製品（農産物が典型）を地域で消費する「地産地消」では

図表2-14　(A) 関東地域の最終需要項目別の生産依存度（単位：ドル）

＜関東地域＞	民間消費	政府消費	固定資本形成	在庫投資
農林水産	5,860	412	616	194
鉱業	1,369	262	3,465	301
消費財製造	5,787	416	805	47
基礎資材製造	2,476	394	1,521	46
組立製造	1,248	96	2,030	63
電気ガス水道	5,855	490	856	17
建築	749	235	8,504	3
商業	3,830	204	1,527	22
輸送	4,330	268	834	20
サービス	4,934	2,192	809	6
単純平均	3,644	497	2,097	72

図表2-14 (B) 中部地域の最終需要項目別の生産依存度（単位：ドル）

＜中部地域＞	民間消費	政府消費	固定資本形成	在庫投資
農林水産	3,811	348	425	409
鉱業	515	118	2,154	391
消費財製造	3,457	316	524	47
基礎資材製造	1,054	199	758	68
組立製造	423	46	795	-11
電気ガス水道	4,116	395	546	15
建築	408	179	8,898	2
商業	1,999	100	634	10
輸送	2,476	200	544	17
サービス	4,678	2,795	513	4
単純平均	2,294	469	1,579	95

図表2-14 (C) 近畿地域の最終需要項目別の生産依存度（単位：ドル）

＜近畿地域＞	民間消費	政府消費	固定資本形成	在庫投資
農林水産	4,804	452	398	620
鉱業	842	231	2,951	322
消費財製造	3,998	349	477	45
基礎資材製造	1,415	290	891	31
組立製造	802	74	1,088	47
電気ガス水道	5,445	542	543	13
建築	785	319	8,240	3
商業	2,864	169	849	14
輸送	3,580	261	573	16
サービス	5,003	2,794	549	5
単純平均	2,954	548	1,656	112

なく，地域の消費活動が地元の生産活動を支えていると考えるアイディアが生産依存度の基本的な発想であり，「地消地産」といえるだろう。地域の消費が生産を支えている。

図表2-14の（A）から（C）は，3地域の最終需要項目別の部門別依存度を示している。（A）は関東，（B）は中部，（C）は近畿である。1万ドルの生産をどの最終需要項目が支えているかを見る。まず，各表の最下行にある単純平

均値を尺度に概略的に見る。民間消費の単純平均値は，関東3,644ドル，中部2,294ドル，近畿2,954ドルである。関東の「地消地産」の傾向は大きい。この地域の民間消費がこの地域の生産を支えていることがわかる。

政府消費には3地域間で大きな差はない。固定資本形成に関しても，3地域間で差がある。ここでも関東の数値は大きい。関東2,097ドル，中部1,579ドル，近畿1,656ドル。要するに，関東の消費や固定資本形成は，関東内部の生産活動が支えていて，この程度は相対的に他地域を圧倒している。

② 最終需要項目別生産依存度の部門比較

(1) 民間消費

建築およびサービス以外の8部門に関しては，すべて関東の生産依存度が他の2地域を圧倒している。すなわち，農林水産部門では，関東5,860ドル，中部3,811ドル，近畿4,804ドルである。消費財部門についても，関東5,787ドル，中部3,457ドル，近畿3,998ドルである。関東と中部の差は2,330ドルと大きい。近畿は建築とサービスでは関東をわずかに上回っている。関東の各最終需要の自地域への誘発力の相対的な大きさは否定できない。全体として，関東，近畿，中部の順位で自地域への生産依存度の大きさが並ぶ（**図表2-15参照**）。

(2) 政府消費

政府消費の定義自体から，政府消費が生じると，公的サービスの生産も生まれることになる。公的サービスは公務員を雇用することで自ら公的サービスを生産し，かつ消費しているのだから。サービス部門を除いて，生産依存度の差はすべて100ドル単位である。3地域は関東の2,192ドルを除いて，中部と近畿は2,790ドル台である。両地域よりも関東の政府消費の依存度が600ドル程度小さい反面，固定資本形成の依存度は700ドル程度大きい。

第 2 章 関西経済発展の可能性を探る 37

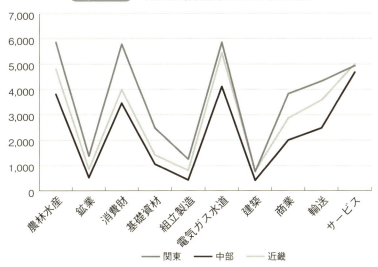

図表2-15 自地域民間消費の生産依存度比較

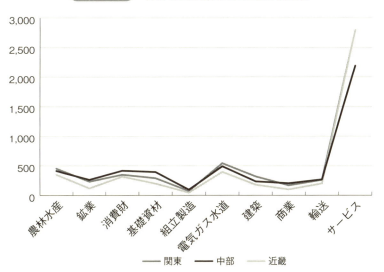

図表2-16 自地域政府消費の生産依存度比較

(3) 固定資本形成

3地域共通に，建築部門での依存度が飛びぬけて高い。関東8,504ドル，中部8,898ドル，近畿8,240ドルである。つぎに，建築部門を除く9部門において関東の依存度が他の2地域に比して大きいことである。とくに製造部門と商業部門では，および2倍の開きがある。製造部門の集積，商業部門の集積を示唆していると思われる。

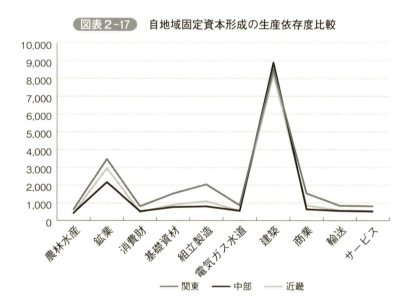

図表2-17　自地域固定資本形成の生産依存度比較

③ 海外の最終需要への依存度

図表2-18は，香港およびその他の世界を加えた，海外7地域・国の依存度を示すグラフである。ただし，係数は，消費財製造，基礎資材製造そして組立製造の3部門を統合したものであり，いわばものづくりの総体と考えることができる。特徴は近畿が海外の最終需要に依存する比率が他の2地域に比して高いことである。近畿の図形が他の地域の輪郭を取り囲んでいる。逆に中部が他

図表2-18 日本3地域の海外への地域別依存度

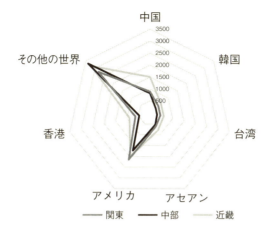

の2地域に囲まれて小さい。近畿の生産にかかわる海外の需要喚起効果は大きい。

5　おわりに

　かつて近畿地域は繊維産業や鉄鋼産業などの素材産業がわが国のものづくりを先導してきた。わが国の現代のリーディングセクターは自動車産業である。裾野が広く波及効果が大きく出る。近畿は，この自動車産業では大きく出遅れた。中部の隆盛はここにある。

　それにもかかわらず，**図表2-18**が示唆しているように，近畿はアジアに近い地理的な利点を生かして，中国や韓国，台湾，香港そしてアセアンの需要にすばやく対応する体制を取っている。しかも，世界への依存なども中部と同程度に高い。アジア地域，とくにアジア環太平洋地域における産業構造や生産ネットワークの変貌と発展はめまぐるしい。近畿経済は海外とりわけアジアおよびその他の世界そしてアメリカとのヒト・モノ・サービスのネットワークを拡大させることが，近畿のいっそうの経済拡大につながるであろうし，実際，

起爆剤として期待できる。高度な人材確保という点では，近畿地域は，「アジアに近い関西は外国人の人材活用でも有利ですし，有力な大学や研究機関が集積している（入江（2017））」ことから，より付加価値の高いものづくりの産業を復活できる可能性が十分にあると思われる。

● 参考文献
IDE/JETRO（2013）『2005年日中韓地域間アジア国際産業連関表』（http://www.ide.go.jp/Japanese/Publish/Books/Tokei/material.html）
入江啓彰（2017）「関西の強み生かすものづくりの拠点構築を」日本経済新聞2016.12.19朝刊。
行政管理庁（1979）『昭和50年産業連関表―総合解説編―』。
桑森啓・玉村千治・佐野敬夫（2016）「アジア国際産業連関表の作成手順」桑森啓・玉村千治編『アジア国際産業連関表の作成−課題と拡張−中間報告書』アジア経済研究所，第1章。
福井幸男（2012）「日中地域間の依存関係の産業連関分析」根岸紳編著『関西経済の構造と景気指数』日本評論社，第一章。
福井幸男（2013）「国際産業連関表から見たアジアの国際分業度」藤澤武史編著『アジアにおける市場性と産業競争力』日本評論社，第二章。
福井幸男（2016）「アジア国際産業連関表から見た自動車産業の国際分業度」桑森啓・内田陽子・玉村千治編著『貿易指数データベースの作成と分析』アジア経済研究所，第七章。

第3章

関西の貿易取引と産業構造
―大阪税関『貿易統計』からのアプローチ

◆

1　はじめに

　関西経済の低迷がいわれて久しい[1]。地域活性化のためには，地域の独自性をどのように把握し発揮するかがきわめて重要である。関西経済の存在感を高めていくためには，関西経済の強みを見出し，それを伸ばしていくことが重要になる。関西経済の強みは，他地域との貿易取引の中に見ることができるはずである。とりわけ地域の「稼ぐ力」を反映する輸出の動向にそのカギがあると考えられる。そこで本章では，こうした観点から既存貿易統計を組み替えて観察することにより，とくに輸出の動向と産業構造の関係から関西経済の特徴をあらためて検証していくことにする。また，最近とくに物流の面でも重要性を高めている関西国際空港を通じる輸出構造についても検討する。

2　近畿圏の輸出入の特徴

　まず関西（近畿圏）と海外の国・地域との貿易取引の変化を全国の動向と比較するなかでその特徴を概観しておこう。

2-1　近畿圏と全国の輸出入総額の推移

　図表3-1は，1979年から2016年までの近畿圏および全国の輸出額の推移に

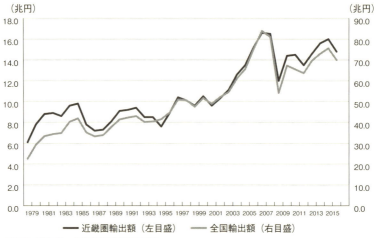

図表3-1　近畿圏および全国の輸出額の推移

（出所）財務省，大阪税関『貿易統計』

ついて両者のスケールを合わせる形で示したものである（以下，近畿圏とは大阪府，兵庫県，京都府，奈良県，和歌山県，滋賀県の2府4県を指す）。この間の輸出額は，近畿圏および全国ともほぼ同様の推移を示していることがわかる。2000年代以降に急激に増加した輸出額は，2008年のリーマンショックを境に大きく減少している。2010年代以降，回復基調にあるが，近畿圏・全国ともリーマンショック以前の水準に達していない。**図表3-2**は，同じく1979年から2016年までの近畿圏および全国の輸入額の推移についてスケールを合わせる形で示したものである。この間の輸入額の変動パターンも近畿圏および全国ともほぼ同じであることがわかる。リーマンショックを契機に急減したことは輸出額と同様であるが，輸入額は輸出額と異なり，数年後にはそれ以前の水準を超えるに至った。しかし，2014年以降は原油などの資源価格の下落などにより減少に転じている。

2-2　近畿圏と全国の輸出額

図表3-3では，2015年の品目別輸出の構成を近畿圏と全国で比較している。

図表3-2　近畿圏および全国の輸入額の推移

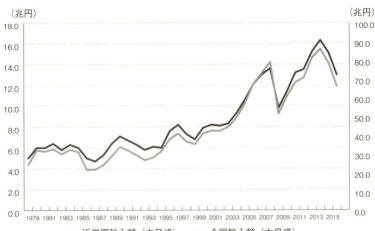

（出所）財務省，大阪税関『貿易統計』

図表3-3　近畿圏・全国の品目別輸出構成比（2015年）

	近畿圏	全国
化学製品	12.0%	10.3%
鉄鋼	5.4%	4.9%
非鉄金属	2.0%	1.9%
金属製品	1.8%	1.6%
一般機械	21.0%	19.1%
電気機械	30.2%	17.6%
輸送用機器	4.8%	24.0%
科学光学機器	4.9%	3.1%
その他	17.9%	17.6%

（出所）財務省，大阪税関『貿易統計』

全国では輸送用機器が24.0%で最大のシェアを占めるが，近畿圏では電気機械のシェアが30.2%と最も高く，輸送用機器のシェアが4.8%と全国と比べて低いのが特徴である。**図表3-4**は，2015年の地域別輸出の構成について近畿圏お

図表3-4　近畿圏・全国の地域別輸出構成比（2015年）

	全国	近畿圏
米国	20.1%	13.7%
EU	10.6%	9.9%
中国	17.5%	23.4%
アジア（中国を除く）	35.8%	43.5%
その他	16.0%	9.4%

(出所) 財務省，大阪税関『貿易統計』

よび全国で比較したものである。これからは，近畿圏・全国ともにアジア（中国を除く），続いて中国が大きなシェアを占めるが，近畿圏ではアジア（中国を除く）が43.5%，中国が23.4%と合計で7割近くを占めていることが大きな特徴である。

2-3　近畿圏と全国の輸入額

図表3-5は，2015年の品目別輸入の構成を近畿圏および全国で比較したものである。これからは，輸出の場合と異なり，近畿圏と全国で品目別輸入の構成に大きな違いがないことが見て取れる。図表3-6は，2015年の地域別輸入の構成について近畿圏および全国で比較したものである。これからは，近畿

図表3-5　近畿圏・全国の品目別輸入構成比（2015年）

	近畿圏	全国
食料品	10.0%	8.9%
鉱物性燃料	16.2%	23.2%
化学製品	12.7%	9.9%
衣類・同付属品	8.1%	4.4%
一般機械	9.0%	9.0%
電気機械	16.5%	15.3%
その他	27.5%	29.3%

(出所) 財務省，大阪税関『貿易統計』

図表3-6　近畿圏・全国の地域別輸入構成比（2015年）

	全国	近畿圏
米国	8.3%	10.3%
EU	11.0%	10.7%
中国	24.8%	32.8%
アジア（中国を除く）	24.1%	25.9%
その他	29.8%	22.4%

（出所）財務省，大阪税関『貿易統計』

圏・全国ともにアジア（中国を除く）と中国が大きなシェアを占めるが，近畿圏ではとりわけ中国が32.8％と大きな割合を占めていることが大きな特徴である（全国では24.8％）。

2-4　近畿圏と全国の純輸出額

図表3-7は1979年から2016年までの近畿圏および全国の純輸出額（＝輸出額－輸入額）の推移についてスケールを合わせる形で示したものである（左目

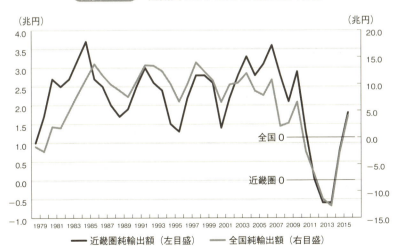

図表3-7　近畿圏および全国の純輸出額の推移

（出所）財務省，大阪税関『貿易統計』

盛りが近畿圏，右目盛りが全国）。これからは，近畿圏・全国とも純輸出はほぼ同じパターンで変動してきたことがわかる。ともにリーマンショック後の落ち込みは大きく，近畿圏では2013年から赤字となっている。全国ではそれよりも早く2011年から赤字となっている。しかし，2015年以降は，先述のように，原材料価格の低下を受けて輸入が大幅に減少したことを受けて純輸出額は改善に向かっている。

　最近の純輸出の改善は輸入減によるものであるが，平均的には近畿圏の純輸出は輸出の増減により左右されてきた。**図表３-８**は，1980年から2016年にかけての近畿圏の純輸出額の対前年増加額を縦軸にとり，横軸に各年の純輸出額に対応する輸出対前年増加額と輸入対前年増加額をとり，それぞれの組み合わせを散布図に示したものである（前者●印，後者◇印）。これからは，純輸出増加額と輸出増加額が右上がりの関係（輸出増加額が拡大した年は純輸出も拡大する）が比較的見て取れるのに対して（相関係数0.45，1％水準で有意），純輸出増

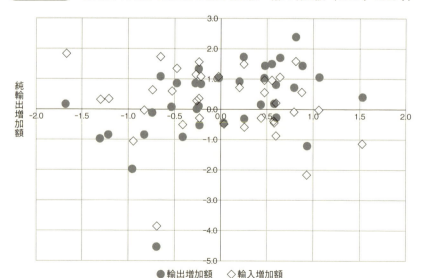

図表３-８　近畿圏の純輸出増加額と輸出増加額・輸入増加額（1980年-2016年）

（出所）財務省，大阪税関『貿易統計』

加額と輸入増加額の間にはそのような関係が見られないことがわかる（相関係数 − 0.15）。

また，前述のように，輸入に比べて輸出のほうが地域別・品目別に見た近畿圏の特徴が大きく表れている。いわゆる「経済基盤説」によれば，地域の全経済活動は域外の需要（＝輸出）にもとづく活動が原動力となって展開していく。そこで，第3節以下では近畿圏の輸出の動向に絞ってより詳細に検討していくことにしよう。

3 輸出の地域別および商品別成長期寄与度の検討

前節では，近畿圏および全国の輸出額について地域別および商品別の別個の観点から検討したが，本節では両者のクロスの観点からの輸出額の成長寄与度の動向を検討してみよう[2]。

3−1 近畿圏の地域別および商品別輸出

以下ではデータは大阪税関『貿易統計』の公表統計を組み替えて用いる[3]。図表3−9は，2005年[4]から2016年にかけての近畿圏の輸出の成長率9.8％（期間内11年間の成長率。以下同じ）を国・地域別および商品別のクロスの寄与度に分解した結果を示したものである。すなわち，最近11年間の近畿圏の輸出の伸びに対して，どの地域向けのどの商品がどれだけ押し上げたのか（逆に押し下げたのか），明らかにしようとするものである。これからは，まず，中国およびアジア（中国を除く）への輸出の寄与度がそれぞれ7.8％，6.4％とこの間の近畿圏の輸出の成長に大きく貢献したことがわかる。この間に関西経済はアジア諸国との関係をさらに強めたといえる。一方，アメリカやEUへの輸出の寄与度がそれぞれ − 1.8％，− 2.5％と，関西経済にとって欧米の重要性は相対的に低下した。

商品別に見ると関西の産業を代表すると考えられる電気機器の寄与度が全体として3.4％と大きいことと合わせ，鉱物性燃料1.2％，化学製品2.4％といわゆ

図表3-9　近畿圏輸出成長率の寄与度分解（2016年／2005年）

(単位：％)

商品名／区分	アメリカ	EU	中国	アジア(中国を除く)	その他	総額
食料品	0.1%	0.0%	0.1%	0.4%	0.0%	0.6%
原料品	0.1%	0.0%	0.0%	0.1%	0.1%	0.2%
鉱物性燃料	0.0%	−0.1%	0.0%	0.8%	0.4%	1.2%
化学製品	−0.5%	−0.4%	1.6%	1.7%	−0.1%	2.4%
原料別製品	0.0%	0.1%	−0.1%	−0.2%	0.1%	−0.2%
鉄鋼	0.1%	0.0%	−0.2%	−0.4%	0.1%	−0.4%
金属製品	0.0%	0.0%	0.1%	0.1%	0.0%	0.2%
一般機械	0.0%	0.0%	0.3%	0.8%	0.4%	1.4%
電気機器	−0.3%	−1.3%	3.8%	2.1%	−0.9%	3.4%
映像機器	−0.4%	−0.5%	0.0%	−0.3%	−0.5%	−1.8%
音響・映像機器部分品	−0.2%	−0.4%	−0.5%	−0.8%	0.0%	−1.8%
通信機	−0.3%	0.2%	1.2%	0.2%	−0.1%	1.2%
半導体等電子部品	−0.3%	−0.9%	2.5%	2.0%	−0.2%	3.1%
IC	−0.3%	−0.2%	2.2%	1.2%	0.0%	2.9%
輸送用機器	−0.5%	−0.4%	0.2%	0.6%	−0.3%	−0.4%
その他	−0.6%	−0.5%	1.8%	0.2%	0.2%	1.1%
科学光学機器	−0.1%	−0.2%	1.6%	−0.8%	−0.1%	0.6%
総額	−1.8%	−2.5%	7.8%	6.4%	0.0%	9.8%

（注）シャドウは絶対値で1.0％以上の寄与度があるもの。
（出所）大阪税関『貿易統計』

る従来型産業からの輸出が大きく貢献していることが注目される。関西が強みを持つ輸出品として鉱物性燃料がリストアップされるが，その内容は高品質な軽油・灯油等であり，輸入した原油等を高品質の製品に転換して輸出するという構造になっている。化学製品についてもプラスチック，医薬品など，高品質で高付加価値の製品が輸出の伸びに寄与している。すなわち，関西では従来型産業における高品質・高付加価値製品に強みがあるといえる。

つぎに，地域別および商品別のクロスの寄与度で見てみよう。まず，中国向け輸出とアジア（中国を除く）向け輸出が，化学製品や電気機器に強い点でほぼ共通のパターンとなっているが，科学光学機器の寄与度が中国向けでは1.6%，アジア（中国を除く）向けでは−0.8%と異なる。これはこの間，中国向けのスマートフォン用部品が大きく伸びたことによる。一方，アメリカやEU向けの寄与度はマイナスであったが，それは電気機器の影響が大きい（それぞれ−0.3%，−1.3%）。電気機器の寄与度は全体3.4%であったが，中国向け，アジア（中国を除く）向けの半導体等電子部品に支えられたものであった（それぞれ2.5%，2.0%）。

「バランスのとれた産業構造」が関西経済の特徴とされるが，こうした特徴が半導体等電子部品・科学光学機器などとともに，従来型産業の高品質製品に強い需要を持つアジア諸国に対して，関西経済がそれぞれに応えることを可能にしている。関西経済の特徴として「アジア諸国との密接なつながり」がいわれるが，その背景にはアジア諸国との距離的な近さとともに，関西の「バランスのとれた産業構造」が存在するといえる。

3-2　全国の地域別および商品別輸出

図表3-10は，図表3-9と同じ形式で2005年から2016年にかけての全国の輸出成長率の寄与度分解を行ったものである。アジア諸国主導というパターンでは近畿圏と共通であるが，その内訳については大きな違いが見て取れる。全国では電気機器の寄与度が−3.2%と大幅な減少要因であるのに対して，輸送用機器が3.5%とそれを上回る形で貢献している。輸送用機器の地域別寄与度をみると中国（1.2%），アジア（中国を除く）（1.0%），その他（1.0%）となっている。

図表3-10 全国輸出成長率の寄与度分解（2016年／2005年）

（単位：％）

商品名／区分	米国	EU	中国	アジア(中国を除く)	その他	総額
食料品	0.1%	0.0%	0.0%	0.3%	0.0%	0.5%
原料品	0.0%	0.0%	0.1%	0.1%	0.0%	0.3%
鉱物性燃料	0.0%	0.0%	0.0%	0.7%	0.0%	0.7%
化学製品	0.1%	−0.1%	1.1%	0.9%	0.0%	2.0%
原料別製品	0.1%	−0.1%	0.1%	0.3%	0.4%	0.8%
鉄鋼	0.0%	0.0%	−0.2%	−0.3%	0.2%	−0.3%
金属製品	0.1%	0.0%	0.1%	0.1%	0.0%	0.3%
一般機械	−0.4%	−0.8%	1.0%	0.4%	0.4%	0.6%
電気機器	−0.9%	−1.3%	1.0%	−1.6%	−0.3%	−3.2%
映像機器	−0.7%	−0.7%	0.1%	−0.5%	−0.2%	−2.0%
映像記録・再生機器	−0.4%	−0.6%	0.1%	−0.3%	−0.1%	−1.3%
音響・映像機器の部分品	−0.2%	−0.3%	−0.3%	−0.5%	−0.2%	−1.5%
通信機	−0.1%	0.0%	0.3%	0.1%	0.0%	0.2%
半導体等電子部品	−0.1%	−0.3%	0.3%	−1.0%	−0.1%	−1.1%
IC	−0.1%	−0.1%	0.3%	−0.8%	−0.1%	−0.7%
輸送用機器	0.7%	−0.4%	1.2%	1.0%	1.0%	3.5%
その他	−0.4%	0.2%	0.9%	1.7%	0.1%	2.5%
科学光学機器	−0.2%	0.2%	0.4%	−1.1%	0.0%	−0.6%
総額	−0.8%	−2.5%	5.6%	3.8%	1.6%	7.8%

（注）シャドウは絶対値で1.0％以上の寄与度があるもの。
（出所）財務省『貿易統計』

4 関西国際空港経由の輸出取引

　関西において貿易取引は，大阪港，神戸港などの港湾や関西国際空港（以下，関空と略）を通して行われる。**図表3-11**は近畿圏の輸出取引について大阪港，

関空(開港以前は伊丹空港)，その他(神戸港を含む)の構成比の推移を示したものである。これからは，1994年の開港以降，輸出における関空のウェイトが高まっており，1995年の阪神淡路大震災のダメージで神戸港，大阪港の機能が低下する中で関西における貿易・物流面で大きな役割を果たしてきたことがわかる。とりわけ，輸出における関空の比重は高くなっている。2016年時点で近畿圏の輸出総額のうち3割以上が関空を経由するに至っている。

図表3-12は，**図表3-9**などと同様に，2005年から2016年にかけての関西空港からの輸出の成長率25.8%を地域別および商品別のクロスの寄与度に分解した結果を示したものである。この間の関空からの輸出の成長率は近畿圏全体の輸出の成長率9.8%を大きく上回り，寄与度を見ると近畿圏全体の輸出寄与度で見た特徴をさらに鮮明にした結果になっている。すなわち，航空貨物は高付加価値で小ロットのものを対象とするが，そうした製品を中心とする中国向け輸出の寄与度が，19.7%ときわめて大きくなっている。内訳を見ると半導体等電子部品(寄与度6.6%)を中心とする電気機器の寄与度12.7%が最も大きく貢献している。アジア(中国を除く)向けは全体としての寄与度は14.6%と中国向けには及ばないものの，内訳を見ると一般機械の8.2%，電気機器10.1%と関

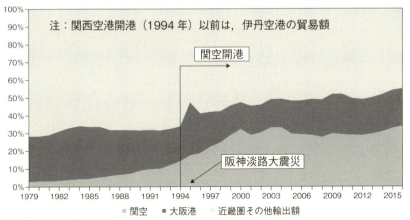

図表3-11　近畿圏輸出額の港湾別構成の推移

(出所) 大阪税関『貿易統計』

西の強みを反映したものとなっている。一方で，音響・映像機器部分品の輸出が全体で−5.0％の寄与度となっており，かつて関西経済の強みを示してきた製品が大きく衰退したことも見ることができる。

図表3−12　関空輸出成長率の寄与度分解（2016年／2005年）

（単位：％）

商品名／区分	アメリカ	EU	中国	アジア(中国を除く)	その他	総額
食料品	0.0%	0.0%	0.0%	0.2%	0.0%	0.2%
原料品	0.1%	0.0%	0.0%	0.1%	0.0%	0.2%
鉱物性燃料	0.0%	0.0%	0.0%	0.0%	0.0%	0.0%
化学製品	−2.2%	−1.2%	1.0%	0.5%	−0.8%	−2.6%
原料別製品	0.2%	0.3%	0.5%	0.4%	0.1%	1.5%
一般機械	2.8%	2.6%	3.4%	8.2%	1.2%	18.2%
電気機器	−1.9%	−2.4%	12.7%	10.1%	−1.4%	17.2%
映像機器	−0.5%	−1.2%	0.2%	−0.4%	−0.7%	−2.6%
音響・映像機器部分品	−0.3%	−1.0%	−1.2%	−2.2%	−0.3%	−5.0%
通信機	−0.9%	0.6%	4.1%	0.7%	−0.2%	4.3%
半導体等電子部品	−0.3%	−0.5%	6.6%	6.7%	0.0%	12.5%
IC	−0.6%	−0.3%	4.6%	2.9%	0.0%	6.5%
輸送用機器	0.1%	0.0%	0.0%	0.1%	0.0%	0.2%
その他	−0.6%	−0.3%	3.5%	−1.0%	0.1%	1.7%
科学光学機器	0.0%	0.0%	2.9%	−1.9%	0.0%	1.0%
総額	−4.7%	−2.5%	19.7%	14.6%	−1.3%	25.8%

（注）シャドウは絶対値で1.0％以上の寄与度があるもの。
（出所）大阪税関『貿易統計』

5　近畿圏および全国の地域別輸出増加パターンの類型化

　本節では，これまでの分析を踏まえ，クラスター分析を用いて近畿圏および全国の地域別輸出の増加パターンの類型化を試みる。クラスター分析は，変動

パターンの似通った変数をかたまり（クラスター）にまとめてグループ化する多変量解析の手法である。

図表3-13は，2005年度から2016年度にかけての地域別品目別輸出の増加寄与度について地域をクラスターとしてクラスター分析した結果をデンドログラム（階層的樹状図）で示したものである[5]。横軸のスケールはクラスター間の距離を示しており，0に近いところで合流するほどそのクラスター同士の変動パターンが似通っていることを示している。これから，アメリカとEU，その他地域がきわめてパターンの似通った1つの小クラスターを形成していること，そして中国とアジア（中国を除く）が全く別パターンの小クラスターを形成していることがわかる。両クラスターの間には相当大きな隔たりがあり，近畿圏にとってアジア諸国向けの輸出が独自の位置を占めることがわかる。

図表3-14は，同じく2005年度から2016年度にかけての全国の地域別品目別輸出の増加寄与度について地域をクラスターとしてクラスター分析した結果をデンドログラムで示したものである。これからは，アメリカとその他地域がかなり似通ったパターンで小クラスターを形成し，それにEU，さらにアジア（中国を除く）が合流し，最後に中国が合流する形となっており，近畿圏のよう

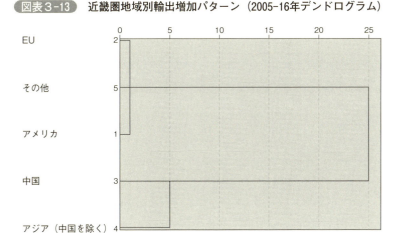

図表3-13　近畿圏地域別輸出増加パターン（2005-16年デンドログラム）

（出所）財務省，大阪税関『貿易統計』

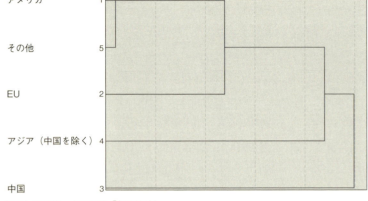

図表3-14 全国地域別輸出増加パターン（2005-16年デンドログラム）

（出所）財務省，大阪税関『貿易統計』

に中国やアジア（中国を除く）が際立って独立した形になっていないことがわかる。

6　産業構造と対アジア輸出との関係

　第4節では，近畿圏の輸出におけるアジア諸国・諸地域のウェイトの大きさは，関西のバランスのとれた産業構造と密接な関係があると指摘した。本節では，地域の産業構造のバランスとアジアへの輸出の関係を関西以外の対地域に広げて見てみよう。まず，各地域の産業構造のバランスを以下のように指標化することにする（以下，産業構造バランス指標とよぶ）。

$$s = \sqrt{\sum_{i=1}^{n}\left(w_i - \frac{1}{n}\right)^2}$$

　ただし，nは産業部門の数，w_iは第i産業の生産額のシェアを表す。（$1/n$）は各産業部門が全く同じ生産額である場合のシェアであり，上式の（　）内は各産業のシェアの完全にバランスが取れた場合からの乖離を示す。すなわち，

完全にバランスが取れた産業構造（＝各産業の生産額が同額）に近づくほど、この指標は0に近づくことになる。ここで、データとして2014年度の内閣府『県民経済計算』の経済活動別県内総生産（名目）の製造業内での各産業の生産額の構成比を用いる。産業の内訳は、食料品、繊維、パルプ・紙、化学、石油・石炭製品、窯業・土石製品、鉄鋼、非鉄金属、金属製品、一般機械、電気機械、輸送用機械、精密機械、その他の14産業である。製造業内のシェアを用いるのは輸出品目との関係が密接であると考えるからである。またこの指標を北海道・東北、関東、近畿、中国、四国、九州の各地域について求めた。この地域に対応する輸出の地域別構成比のデータについては以下の各税関の貿易統計より求めた。

　　北海道・東北　………函館税関・管内
　　関東　　　　　………東京税関・管内
　　中部　　　　　………名古屋税関・管内
　　近畿　　　　　………大阪税関・近畿圏
　　中国　　　　　………神戸税関・中国圏
　　四国　　　　　………神戸税関・四国圏
　　九州　　　　　………門司税関・九州経済圏

図表3-15は、各地域について、上述の産業構造バランス指標（右目盛り）と輸出額に占める中国向けの比率（左目盛り）と輸出額に占めるアジア（中国を除く）向けの比率（左目盛り）を示したものである。これからは、産業構造バランス指標が大きく産業構造の偏りが大きい地域は対アジアの輸出比率が低く、産業構造バランス指標が小さく産業構造の偏りが小さい地域ほど対アジアの輸出比率が高いというパターンが見て取れる。また、対中国輸出の割合より対アジア（中国を除く）輸出の比率のほうがその傾向が顕著といえる。すなわち、産業構造バランス指標と対中国輸出比率の相関係数を求めると－0.549となり、産業構造バランス指標と対アジア（中国を除く）輸出比率の相関係数を求めると－0.789（5％水準で有意）となり、これらのことを確かめることがで

きる。これは，同じアジア向けの輸出であっても，中国向け輸出についてはスマートフォン関連部品が中心を占めるのに対して，アジア（中国を除く）向け輸出については多様な需要に対応する多様な品目から構成されることが背景にあると考えられる。

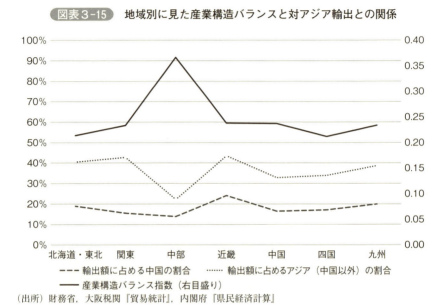

図表3-15 地域別に見た産業構造バランスと対アジア輸出との関係

──── 輸出額に占める中国の割合　……… 輸出額に占めるアジア（中国以外）の割合
──── 産業構造バランス指数（右目盛り）

（出所）財務省，大阪税関『貿易統計』，内閣府『県民経済計算』

7　おわりに

　関西経済の低迷がいわれて久しいが，小論では貿易取引とりわけ輸出取引から関西経済の特徴をとらえ直すことを試みた。関西経済は「バランスの取れた産業構造」を有し，広範な産業に強みを持っていること特徴とされるが，そのことが，半導体等電子部品や科学光学機器等のスマートフォン部品を中心とする中国向けの輸出の伸びと従来型産業の高品質製品を中心とする中国以外のアジア諸国向けの輸出の伸びに対応している。すなわち「アジア諸国との密接な

つながり」という関西経済の特徴は「バランスのとれた産業構造」があってこそ，といえる。「バランスのとれた産業構造」は突出した産業，すなわち明確なリーディングインダストリーがないという意味で弱みともいえるが，アジア諸国との関係では強みとなっている。また全国的に見ても産業構造のバランスに偏りが小さい地域ほど輸出額に占める中国やアジア諸国との取引のウェイトが高いことが確認できる。

また，関西国際空港が阪神淡路大震災以降の関西の貿易取引や物流に重要な役割を果たしてきた。空港貨物は軽量で小ロットのものが中心であるが，関西が競争力を持つ電子部品等はそのような性質を持つものであり，中国との関係でとくに重要な役割を果たしてきた。地域経済の競争力は空港の競争力と密接な関係がある。今後，物流の面からも関空の競争力を高めることが関西経済の競争力を高めることに直結しているといえるだろう[6]。

●注
1　域内総生産（GRP）の全国に対する構成比で見ても，関東が上昇傾向，中部が横ばい傾向にある一方，関西は低下傾向が続き，1970年時点において19.1%（2府4県）であったのが2014年では15.7%（同）まで大きくウェイトを下げている。
2　本節および次節は，髙林（2015）における分析の一部をアップデートしたものとなっている。
3　大阪税関の貿易統計の主要地域（国）別輸出品別表では，近畿圏，関空，大阪港，大阪税関管内のそれぞれの輸出について，アメリカ合衆国，EU，アジア，およびアジアの中の特記項目としての中国，アジアNIEs，ASEANという6つの地域（国）の計数が掲載されている。これらの区分ではアジアNIEsとASEANにはシンガポールが両方含まれているなど重複が存在するため，アメリカ，EU，中国，中国を除くアジア（アジアから中国を除いて作成），その他（輸出品別表の総額からこれら4つの地域の合計値を除いて作成）の5つからなる地域別（国）別輸出品別表を作成した。
4　始点を2005年に取った理由は，2004年以前については商品別分類が大きく異なることによる。
5　クラスター化の方法はWard法を用いている。データ間隔はユークリッド平方距離で測定している。標準化は行っていない。
6　Fedex社が，北アジアから集約した貨物を米国向けに発送する拠点「北太平洋地区ハブ」を関西国際空港内に開設しており（2014年4月1日から操業開始），関空の貿易取引

や物流における役割はさらに大きくなることが予想される。

●主要参考文献
一般財団法人アジア太平洋研究所（APIR）(2016)『アジア太平洋と関西（関西経済白書2016)』丸善プラネット。
大阪税関『貿易統計』。
財務省『貿易統計』。
髙林喜久生 (2015)「関西経済の強みを考える―地域間取引からのアプローチ―」『季刊イズミヤ総研』第101号（2015年1月1日発行）。
内閣府『県民経済計算（各年版)』。

第 4 章

関西における高速道路整備の経済効果
―交通近接性を考慮した生産関数によるアプローチ

◆

1 はじめに

わが国では民間部門の経済活動を促進する基盤として，道路等の社会資本の整備が進められてきた。関西でも，高度経済成長期から現在に至るまで，社会資本整備が実施され続けている。なかでも都市間を結ぶ高速道路は，さまざまな形で地域経済に影響をもたらす。

高速道路整備の経済効果は，フロー効果とストック効果の2つに大きく分けられる（**図表4-1**）。前者は高速道路の建設に伴う事業支出が有効需要を創出

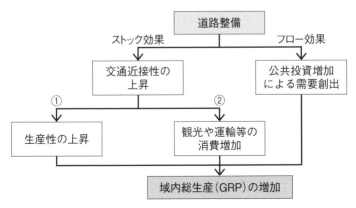

図表4-1 道路整備効果波及のイメージ

する短期的な効果であり，後者は高速道路が建設された後，供用されることによって，その本来の機能から発生し長期間にわたって継続する効果である。さらに後者のストック効果は2通りに分類できる。第1に，移動時間や輸送の削減といった交通近接性の上昇により，企業の生産性・効率性が向上することによる波及効果（図表4-1内の①）である。第2に，自動車で移動できる範囲が拡大するといった交通近接性の上昇が，観光・レジャー関連等の消費を活発にさせる効果（図表4-1内の②）である。本章では，上記2種類の生産拡大効果のうち，比較的頑健に推計できる図表4-1内の①に着目し，これを計測することで，高速道路整備の経済効果を検討していく。

　道路建設の経済効果を計測した既存の調査・研究としては，国土交通省（2007）や一般社団法人計量計画研究所（2012），要藤・吉村（2016）などがある。国土交通省（2007）は，高速道路建設の中期計画を検討するに当たってマクロ経済モデルを用いて経済効果を試算している。一部の産業で個別の経済効果が示されており，製造業1兆4,200億円，不動産業5,400億円，運輸業1,400億円となっている。ただしこの金額は全国での効果であり，地域別の効果は計測されていない。計量計画研究所（2012）は，地域計量経済モデルを用いて，2011年に全線供用された北関東自動車道を事例として，北関東3県における道路整備の経済波及効果を計測している。要藤・吉村（2016）では，日本の非都心地域への高速道路整備について，経済全体，製造業，農業，小売業，卸売業への影響をパネルデータ分析により検証している。分析結果から，地域経済全体，製造業，卸売業にはプラスの効果があるが，農業や小売業にはマイナスの効果が見られること，また高速道路整備の隣接地域ではプラスの効果があるが，離れた地域ではマイナスの効果が見られることなどが示されている。

　これらの調査・研究は，主に日本経済および地域経済全体をマクロ経済として捉え，主に生産関数を分析の軸として道路建設のマクロ経済への影響を計測したものである。交通インフラの経済効果について検討した研究には，この他に産業連関分析による研究，CGEモデルによる研究等，数多くの手法，そして研究の蓄積がある[1]。

以上を踏まえて，本章では，社会資本ストックの地域経済における長期の効果を検証する。具体的には，高速道路整備が行われることで「高速道路利用による生活圏間の交流のしやすさ」すなわち「交通近接性」が変化した場合に，地域経済にどのような影響があるのかについて，関西の府県別および産業別に検証する。そのための手法として，交通近接性を織り込んだ生産関数を用いる。なお関西を対象として産業別に分析を行った研究としては，これまでに関西地域間産業連関表による分析がいくつか存在するが，生産関数アプローチに基づいた分析はこれまでにほとんど行われていない[2]。

本章の構成は以下の通りである。第2節では，分析で用いる交通近接性の時系列データの作成方法について説明する。次に生産関数アプローチによって，第3節では関西2府4県ごとの影響について，また第4節では，産業別の影響について検討する。第5節は総括である。

2　データ―道路ストックと交通近接性

本章では，計量計画研究所（2012）やアジア太平洋研究所（2015）で採用されている交通近接性を織り込んだ生産関数の定式化をベースとして分析を行う。本節では，生産関数の推定で用いる交通近接性の推計方法について説明する。またそれに先立ち，推計で利用する道路ストックの現況についても説明する。

2-1　道路ストック

まず交通近接性の推計に用いる，関西2府4県の道路ストックの状況について説明する。都道府県別の道路ストックは，内閣府『社会資本ストック推計』により得ることができる。**図表4-2**は関西2府4県の社会資本ストック（道路）の実数データである。利用可能な最新年次である2009年度の計数をみると，関西2府4県の道路ストックは35.4兆円となっている。全国は同254.0兆円であり，したがって関西の道路ストックにおける対全国シェアは14.0％となる[3]。関西経済の対全国シェアは，人口や域内総生産で見れば「16％経済」とよばれ

るが，これに比べると道路ストックのシェアは小さいといえる。なお県別にみると，大阪府が11.8兆円で関西では最大であり，関西全体の約3分の1を占めている。また兵庫県が10.7兆円で大阪府に次ぐ規模となっており，関西全体の約3割を占めている。

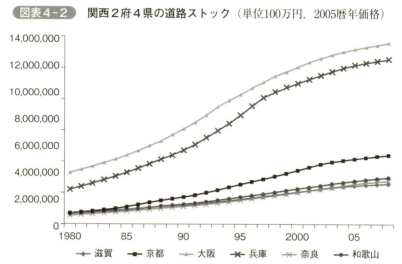

図表4-2　関西2府4県の道路ストック（単位100万円，2005暦年価格）

（出所）内閣府『社会資本ストック』より筆者作成

2-2　交通近接性

交通近接性は，計量計画研究所（2012）による交通近接性指標の推計方法を援用する。まず分析対象地域を207の生活圏単位でゾーン分割し，各ゾーンから他ゾーンまでの平均所要時間（人口の影響を考慮して人口規模で重み付け）を用いて，各生活圏の交通近接性を（1）式のように設定する。ここで交通近接性は，高速道路整備により地域間の移動の所要時間が短縮すると向上することになる。

次に（2）式のように，生活圏別交通近接性指標をもとに，府県別交通近接性指標を生活圏人口で加重平均して算定する。さらに関西全体の交通近接性指標は，府県別交通近接性指標を人口で加重平均して計算する。

$$ACC^i = \frac{\sum_{j(i \neq j)}(POP^i)}{\sum_{j(i \neq j)} POP^j \times T^{ij}} \quad \cdots\cdots\cdots (1)$$

$$ACC^r = \frac{\sum_{i \in r}(POP^i \times ACC^i)}{\sum_{i \in r} POP^i} \quad \cdots\cdots\cdots (2)$$

i：発地生活圏　　j：着地生活圏　　r：関西全体
ACC^i：生活圏別交通近接性　　ACC^r：関西全体の交通近接性
POP^i：生活圏内人口　　POP^j：着地生活圏内人口
T^{ij}：生活圏間所要時間

都道府県別交通近接性指標および関西全体の交通近接性指標の計測結果を**図表4-3**に示す。計測結果から，2005年から2014年までの関西全体ならびに各府県とも交通近接性は高まっていることがわかる。

図表4-3　府県別の交通近接性（×10^{-4}）

府県名	滋賀県	京都府	大阪府	兵庫県	奈良県	和歌山県	関西全体
2005年	2.059	2.368	3.671	2.714	2.863	1.605	2.986
2014年	2.126	2.574	3.809	2.782	2.980	1.686	3.107

ただし生活圏別交通近接性の原データは，2005年および2014年の2時点しか利用できない。しかし生産関数の推定では，推定期間の各年データが必要となる。そこで2005年度から2014年度の間については，線形補間によって値を作成する。また2004年度以前については，関西2府4県のプーリングデータを用いた回帰分析に基づく遡及推計を行う。回帰分析では，被説明変数を交通近接性，説明変数を道路ストックとし，府県別ダミーを設定する[4]。推定結果は以下の通りである。

$$\ln(ACC) = -12.712 + 0.26783 \cdot \ln(K_G) + 0.28169 \cdot (滋賀ダミー)$$
$$\quad\quad\quad\quad (0.3296)\ \ (0.0222) \quad\quad\quad (0.0036)$$

$$+0.28971 \cdot (京都ダミー) + 0.45697 \cdot (大阪ダミー)$$
$$(0.0091) \qquad\qquad (0.0305)$$
$$+0.17783 \cdot (兵庫ダミー) + 0.59712 \cdot (奈良ダミー)$$
$$(0.0284) \qquad\qquad (0.0026)$$

$ADJ.R^2 = 0.999$

　以上のようにして，1981年度から2014年度までの関西2府4県の時系列データを作成した（図表4-4）。関西で最も交通近接性が高いのは大阪府であり，奈良県，兵庫県，京都府，滋賀県，和歌山県という順になっている。また1980年度比で交通近接性の伸びが最も大きいのは京都府，最も小さいのは大阪府である。これは社会資本ストックの伸びの違いに対応した結果となっている。

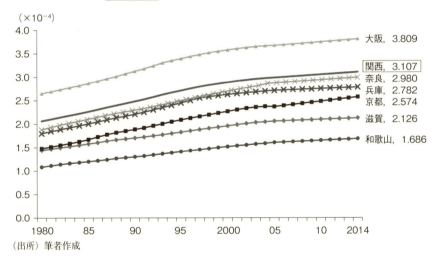

図表4-4　府県別交通近接性の遡及推計結果

（出所）筆者作成

3　府県別分析

　本節では，前節で推計された府県別交通近接性を用いて，府県別生産関数を推定し，交通近接性の改善が各府県経済に与える影響を計測する。

3-1 府県別生産関数の推定

前節で推計された府県別交通近接性と府県 GRP の関係について，生産関数を想定する。ここで今回の分析では，(A) 当該県交通近接性を生産要素として織り込んだ生産関数を想定，(B) 当該県交通近接性が民間資本ストックの限界生産力を高めるとする生産関数を想定，の2つのパターンを考える。

(A) は，一般財団法人アジア太平洋研究所 (2015) での生産関数の特定化を府県データに置き換えたものである。式中の ACC は，各県の交通近接性を表す。

$$\ln\left(\frac{Y}{LE \cdot HOUR}\right) = a + \beta_K \cdot \ln\left(\frac{K \cdot \rho}{LE \cdot HOUR}\right) + \gamma \cdot \ln(ACC)$$

(B) は，交通近接性が民間資本ストックの限界生産力を高める役割を果たすと考え，次式のような生産関数を想定している。

$$Y = A \cdot K^{\beta_K + \gamma \ln(ACC)} \cdot L^{\beta_L} \quad (\beta_K + \beta_L = 1)$$

なお実際の推定は次式によって行う。式中のラベルは前節と同じである。

$$\ln\left(\frac{Y}{LE \cdot HOUR}\right) = a + \beta_K \cdot \ln\left(\frac{K \cdot \rho}{LE \cdot HOUR}\right) + \gamma \cdot \ln(K \cdot \rho) \cdot \ln(ACC)$$

ここで LE は就業者数，HOUR は労働時間，ρ は稼働率である。なおデータの出所は，各府県の実質県内総生産はおよび就業者数は内閣府『県民経済計算』，労働時間は厚生労働省『毎月勤労統計』，資本ストックは内閣府『都道府県別民間資本ストック』，稼働率は経済産業省『鉱工業生産指数』である。

以下，今回のシミュレーション分析で採用する関西2府4県の生産関数の推定結果を示す。符号条件や推定結果の有意性から，アドホックな形ではあるが，大阪府・兵庫県では (A) 式を，滋賀県・京都府・奈良県・和歌山県では，(B) 式の形を採用することにした[5]。推定結果中の変数は共通したラベルで示しているが，実際には各県の値を用いて推定を行っている（たとえば，滋賀県の生産関数の結果中の Y は，滋賀県の県内総生産を示す）。ただし，稼働率と労働

時間はデータの利用可能性の問題から各県とも共通で関西の値を用いている。係数下のカッコ内の数値は t 値を示す。

おおむね符号条件や t 値は有意な結果となっているが，奈良県の推定結果において，交通近接性にかかるパラメータがマイナスとなっている。これは要藤・吉村（2016）でも指摘されているように，関西2府4県の交通近接性の改善に伴って奈良県以外の府県の経済活動が活発化することによって，奈良県内での経済活動が漏出してしまうことを示唆する結果である。

① 滋賀県

$$\ln(Y/(LE \cdot HOUR)) = 0.73814 + 0.68943 \cdot \ln((K(-1) \cdot \rho)/(LE \cdot HOUR))$$
$$(0.46) \quad (17.6)$$
$$+ 0.02937 \cdot \ln(ACC) \cdot \ln((K(-1) \cdot \rho)) + 0.1019 \cdot DUM$$
$$(3.0) \quad\quad\quad\quad\quad\quad (6.6)$$

$ADJ.R^2 = 0.987$

② 京都府

$$\ln(Y/(LE \cdot HOUR)) = 10.603 + 0.5872 \cdot \ln((K(-1) \cdot \rho)/(LE \cdot HOUR))$$
$$(6.6) \quad (27.2)$$
$$+ 0.08248 \cdot \ln(ACC) \cdot \ln((K(-1) \cdot \rho)) + 0.1076 \cdot DUM$$
$$(9.1) \quad\quad\quad\quad\quad\quad (5.5)$$

$ADJ.R^2 = 0.987$

③ 大阪府

$$\ln(Y/(LE \cdot HOUR)) = 0.4374 + 0.3663 \cdot \ln((K(-1) \cdot \rho)/(LE \cdot HOUR))$$
$$(0.1) \quad (2.3)$$
$$+ 0.4993 \cdot \ln(ACC) + 0.0896 \cdot DUM$$
$$(0.9) \quad\quad\quad\quad (4.1)$$

$ADJ.R^2 = 0.970$

④　兵庫県

$$\ln(Y/(LE \cdot HOUR)) = 1.1048 + 0.3880 \cdot \ln((K(-1) \cdot \rho)/(LE \cdot HOUR))$$
$$(0.2) \quad (2.0)$$
$$+ 0.5772 \cdot \ln(ACC) + 0.1315 \cdot DUM$$
$$(1.1) \quad\quad\quad (6.9)$$

ADJ.R^2 = 0.962

⑤　奈良県

$$\ln(Y/(LE \cdot HOUR)) = -6.9942 + 0.4244 \cdot \ln((K(-1) \cdot \rho)/(LE \cdot HOUR))$$
$$(-4.9) \quad (19.8)$$
$$- 0.01972 \cdot \ln(ACC) \cdot \ln((K(-1) \cdot \rho))$$
$$(-2.2)$$

ADJ.R^2 = 0.977

⑥　和歌山県

$$\ln(Y/(LE \cdot HOUR)) = 3.7851 + 0.3695 \cdot \ln((K(-1) \cdot \rho)/(LE \cdot HOUR))$$
$$(2.3) \quad (14.6)$$
$$+ 0.0413 \cdot \ln(ACC) \cdot \ln((K(-1) \cdot \rho))$$
$$(4.7)$$

ADJ.R^2 = 0.955

3-2　シミュレーション

次に，推定された生産関数を用いて関西2府4県の県内総生産の推計を行う。またシミュレーションとして，2014年まで路線整備が行われず交通近接性が2005年のままだった場合の2014年の域内総生産を推計し，路線整備が行われた場合の推計結果と比較を行う。図表4-5は，2005年と2014年について推計結果と実績値を比較した結果とシミュレーション結果をまとめた図表である。なお交通近接性は，図表4-3の再掲である。

まず，路線整備をした場合としなかった場合のそれぞれの交通近接性から，各府県の域内総生産額を推計した。結果をみると，2005年の推計結果と実績値の乖離率は最大でも大阪府の1.69％にとどまっており，高い精度の推計ができ

図表4-5 推計結果

		滋賀県	京都府	大阪府	兵庫県	奈良県	和歌山県
交通近接性	2005年($\times 10^{-4}$)	2.06	2.37	3.67	2.71	2.86	1.61
	2014年($\times 10^{-4}$)	2.13	2.57	3.81	2.78	2.98	1.69
	変化率	3.24	8.71	3.77	2.49	4.08	5.07
2005年GRP	実績値(100万円)	6,068,498	10,069,086	38,854,584	19,763,134	3,883,660	3,645,648
	推計値(100万円)	6,071,721	10,140,581	39,510,198	20,042,417	3,942,253	3,670,687
	乖離率(%)	0.05	0.71	1.69	1.41	1.51	0.69
2014年GRP	実績値(100万円)	6,474,394	10,533,717	39,461,732	21,053,420	3,783,339	3,725,059
	推計値(100万円)	6,614,734	11,310,958	38,583,554	20,636,533	3,870,733	3,805,487
	乖離率(%)	2.17	7.38	-2.23	-1.98	2.31	2.16
シミュレーション	推計値(100万円)	6,484,386	9,758,940	37,877,996	20,345,875	3,933,798	3,647,748
	乖離率(%)	-1.97	-13.72	-1.83	-1.41	1.63	-4.15

ているといえる。ただしどの府県も小幅ではあるが実績値に比べて過大推計となっている。また2014年の推計結果についても，京都府を除いて1〜2％程度の誤差内に収まっている。

次に，シミュレーションとして，2014年まで路線整備が行われず交通近接性が2005年のままだった場合の2014年の域内総生産を推計し，路線整備が行われた場合の推計結果と比較を行っている。シミュレーションの推計値には，2014年と他の条件を同じにして，交通近接性のみ2005年の値を使って推計した結果を示している。乖離率は，2014年 GRP の推計値と交通近接性がなかった場合の県内総生産の推計値との乖離を示している。

結果を見ると，奈良県を除く2府3県ではマイナスとなっているが，奈良県のみプラスとなっている。交通近接性が2005年のままであれば，奈良県以外の府県では経済成長が抑制されて乖離率はマイナスとなるが，奈良県の生産関数の推定結果では交通近接性にかかるパラメータがマイナスとなっていたため，他府県と逆の結果となっている。交通近接性の上昇による経済への影響が大きかったのは京都府で，交通近接性の改善による効果は13.72％となっている。

京都府では2005年度以降の交通近接性の上昇幅が大きく，また推定結果における交通近接性にかかるパラメータも他府県より大きいことが要因である。奈良県を除く他府県でも，1％以上の上昇となっており，この結果から交通近接性の改善が各府県の経済成長に寄与していることが定量的に捉えることができた。一方で，奈良県では関西での高速道路整備によってスピルオーバーが発生し，負の影響が起きていた可能性がある。

4　産業別分析

次に本節では，第2節で推計された関西全体の交通近接性を用いて，産業別の影響について検討する。生産関数の特定化については，前節と同様の関数形を想定するが，産業別パネルデータを用いて推定を行う。

分析で取り扱う産業分類は2013年版をベースとする。ただし一部の部門では過去の計数との接続を考慮して部門を合算するなどの調整を行い，「農林水産業」「製造業」「建設業」「電気・ガス・水道業」「卸売・小売業」「運輸通信業」「サービス業」「その他」の8部門とした（以下ではこの区分を大分類とよぶことにする）。さらに製造業は細分類として「食料品」「繊維」「パルプ・紙」「化学」「石油・石炭製品」「窯業・土石製品」「一次金属」「金属製品」「一般機械」「電気機械」「輸送用機械」「精密機械」「その他の製造業」の13部門に分類した（以下ではこの区分を製造業細分類とよぶことにする）。また関西の各産業部門の生産額は次の手順に従って作成した。まず『県民経済計算』の関西2府4県の名目値を合算する。ただし重複する年次のデータを用いて接続係数を作成し，これによって基準年度や計数方法の異なる年次間で断層が生じないように接続時系列データを作成する。次に，各産業の名目生産額を『国民経済計算』に示されている全国の産業別デフレータで除して，各産業の実質生産額を求める。

また，関西の産業別資本ストックおよび産業別労働投入量のデータは取得できない。そこで，KとLについては産業別でなく関西全体の値を用い，「その

他」および「その他の製造業」をゼロとする産業別係数ダミーを設定して産業別の違いが表れる形とする。また交通近接性についても同様に，産業別係数ダミーを設定する。

以上を踏まえて実際の推定で用いる式は，次のようになる。

$$\ln\left(\frac{Y}{LE \cdot HOUR}\right) = a + \beta_K \cdot \ln\left(\frac{K \cdot \rho}{LE \cdot HOUR}\right) + \beta_{K_i} \cdot \ln\left(\frac{K \cdot \rho}{LE \cdot HOUR}\right) \cdot DUM_i + \gamma \cdot \ln(ACC) + \gamma_i \cdot \ln(ACC) \cdot DUM_i$$

上記の生産関数を想定し，産業分類を大分類と製造業細分類したパネルデータを用いて推定を行う。なお推定に当たってはF検定，ハウスマン検定の結果から，固定効果モデルを選択している。

図表4-6に大分類と製造業細分類のそれぞれ推定結果を示した。また**図表4-7**には，推計結果から得られる各産業の交通近接性にかかるパラメータの大きさを示している。これが交通近接性の各産業の生産額に対する影響の大小を表すことになる。**図表4-6**の推定結果を見ると，いずれの推定結果も概ね良好であるが，産業によって交通近接性の影響は異なる結果となっている。大分類の結果を見ると，電気・ガス・水道業でプラス，卸売小売業，運輸通信業ではほぼ影響なし，農林水産業，製造業，建設業，サービス業ではマイナスとの結果になっている。製造業細分類の結果を見ると，一次金属，パルプ・紙，精密機械，金属製品，電気機械といった業種でプラスの効果が表れている。一方マイナスの効果が大きいのは繊維，一般機械，輸送用機械といった業種である。

こうした差異の要因としては，各産業で高速道路の利用状況が異なることが考えられる。たとえばアジア太平洋研究所（2017）では，近畿産業連関表を用いて産業部門別に域内生産額に占める貨物関連輸送費の大きさを比較し，貨物輸送における費用構造の差異の存在を明らかにしている[6]。また高速道路整備の産業別の影響を見た先行研究である要藤・吉村（2016）では，製造業・卸売業に対しては正の効果があり，農業・小売業に対しては負の効果があるとしている。本研究の結果とは，産業ごとに影響が大きく異なり，特に農業について

は負の効果が表われるという結果は共通しているが，他の産業については必ずしも影響が同じような形では表れていない。この違いについては，本研究では地域区分を関西全体としてセミマクロ的に産業別の影響を捉えているのに対して，要藤・吉村（2016）では，市町村など比較的狭いエリアを分析対象とし，かつ都心地域を分析対象から除いていることが要因として考えられる。

図表4-6 推定結果

〈大分類〉

		係数	t値
定数項		−2.868	−0.40
ln（資本／労働投入）		−3.380	−4.20
ln（交通近接性）		9.226	4.13
農林水産業ダミー	×ln（資本／労働投入）	4.487	3.94
製造業ダミー	×ln（資本／労働投入）	3.921	3.45
建設業ダミー	×ln（資本／労働投入）	2.358	2.07
電気・ガス・水道業ダミー	×ln（資本／労働投入）	0.392	0.34
卸売・小売業ダミー	×ln（資本／労働投入）	4.766	4.19
運輸通信業ダミー	×ln（資本／労働投入）	2.278	2.00
サービス業ダミー	×ln（資本／労働投入）	4.204	3.69
農林水産業ダミー	×ln（交通近接性）	−12.556	−3.98
製造業ダミー	×ln（交通近接性）	−10.440	−3.31
建設業ダミー	×ln（交通近接性）	−13.914	−4.41
電気・ガス・水道業ダミー	×ln（交通近接性）	−4.988	−1.58
卸売・小売業ダミー	×ln（交通近接性）	−9.221	−2.92
運輸通信業ダミー	×ln（交通近接性）	−9.155	−2.90
サービス業ダミー	×ln（交通近接性）	−10.682	−3.39
自由度修正済み決定係数		0.981	

〈製造業細分類〉

	係数	t値
定数項定数項	−6.987	−1.11
ln(資本／労働投入)	1.920	2.11
ln(交通近接性)	−6.218	−2.46
食料品ダミー ×ln(資本／労働投入)	−1.369	−1.07
繊維ダミー ×ln(資本／労働投入)	−2.868	−2.23
パルプ・紙ダミー ×ln(資本／労働投入)	−4.838	−3.77
化学ダミー ×ln(資本／労働投入)	−0.612	−0.48
石油・石炭製品ダミー ×ln(資本／労働投入)	−2.837	−2.21
窯業・土石製品ダミー ×ln(資本／労働投入)	−1.157	−0.90
一次金属ダミー ×ln(資本／労働投入)	−5.307	−4.13
金属製品ダミー ×ln(資本／労働投入)	−2.680	−2.09
一般機械ダミー ×ln(資本／労働投入)	−0.279	−0.22
電気機械ダミー ×ln(資本／労働投入)	1.973	1.54
輸送用機械ダミー ×ln(資本／労働投入)	−0.355	−0.28
精密機械ダミー ×ln(資本／労働投入)	−2.508	−1.95
食料品ダミー ×ln(交通近接性)	5.009	1.40
繊維ダミー ×ln(交通近接性)	1.580	0.44
パルプ・紙ダミー ×ln(交通近接性)	10.502	2.94
化学ダミー ×ln(交通近接性)	6.169	1.73
石油・石炭製品ダミー ×ln(交通近接性)	6.413	1.80
窯業・土石製品ダミー ×ln(交通近接性)	4.720	1.32
一次金属ダミー ×ln(交通近接性)	15.438	4.33
金属製品ダミー ×ln(交通近接性)	7.820	2.19
一般機械ダミー ×ln(交通近接性)	2.973	0.83
電気機械ダミー ×ln(交通近接性)	7.312	2.05
輸送用機械ダミー ×ln(交通近接性)	3.760	1.05
精密機械ダミー ×ln(交通近接性)	9.716	2.72
自由度修正済み決定係数	0.979	

第 4 章　関西における高速道路整備の経済効果　73

図表4-7　交通近接性の係数の産業別比較

〈大分類〉

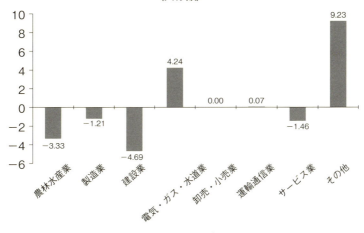

〈製造業細分類〉

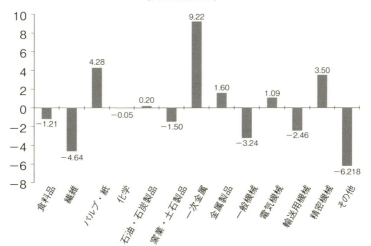

出所：筆者作成

5 おわりに

　本章では，高速道路整備の関西経済への影響について，交通近接性を織り込んだ生産関数の推定を行い，府県別および産業別に検討した。分析結果から，奈良県を除く2府3県では一定の経済効果が認められ，特に京都府での影響が大きいことがわかった。京都府での効果が大きくなっているのは，そもそも交通近接性の改善幅が大きかったことに加え，交通近接性改善の経済に与える効果も他府県より大きいことが要因である。一方で，奈良県は交通近接性が改善すると，スピルオーバーが発生し域内経済が縮小してしまうおそれがあることを示唆する結果となっている。また産業別分析では，電気・ガス・水道業でプラス，卸売小売業，運輸通信業ではほぼ影響なし，農林水産業，製造業，建設業，サービス業ではマイナスというように，交通近接性の改善の効果は産業によって一様でないことが明らかとなった。これらの結果は，高速道路など広域的に影響が表れるインフラ整備については，各地域・各産業それぞれに対する影響を考慮した整備計画の必要性を示唆している。

　最後に，本章での分析で残された課題を挙げておく。今回の分析では，マクロ・あるいは産業別にみたセミマクロ的な経済効果のみに着目して，交通近接性改善の地域経済への将来的な影響をみている。この点について，個々の路線整備と地域経済との関係性の実態について事後的に確認することはできていない。分析結果の頑健性を高めるためにも，高速道路の利用状況データなど整備効果の実態の検証などミクロ的なアプローチも必要となろう。

(付記)　本章は，アジア太平洋研究所2015年度研究プロジェクト「交通網の整備拡充に伴う交通近接性の改善と期待できる経済効果の予測」および同2016年度研究プロジェクト「交通インフラ整備の経済インパクト分析」の成果をもとに加筆・修正を行ったものである。本章の作成にあたっては，同研究プロジェクトのリサーチリーダーである後藤孝夫氏（近畿大学経営学部教授）からデータ提供など多くの面で多大なる協力を得た。また稲田義久氏（アジア太平洋研究所数量経済分析センターセンター長，研究プロジェクト研究統括，

甲南大学経済学部教授），下田充氏（研究プロジェクトリサーチャー，日本アプライドリサーチ研究所主任研究員）から有益な助言を頂戴した。ここに記して感謝申し上げる。

● 注
1 たとえば全国9地域間産業連関表を用いて分析を行った柴田・小坂（2012），CGEモデルを用いて分析を行った奥田・林（1995），パネルデータによる重回帰分析を行った研究の佐藤・藤井（2012）等がある。
2 関西地域間産業連関表は，アジア太平洋研究所（APIR）が開発した関西2府5県（福井県含む）の2005年産業連関表を接続した表である。これを活用して関西経済の産業構造を分析した研究には，入江（2013）や稲田・入江（2015）などがある。
3 国土交通省「道路統計年報」によると，関西2府4県の道路実延長（km）ベースでの対全国シェア（2013年）は，一般道路では9.0%，高速道路では8.0%である。
4 本章では道路ストックを用いて交通近接性の遡及推計を行っている。この点について，アジア太平洋研究所（2017）では，高速道路実延長や全道路実延長など距離をもとにした推計も試みているが，結果は大きく異ならなかった。
5 生産関数の特定化については，これらの他に，資本ストックにかかるパラメータを固定して交通近接性にかかるパラメータのみ推定する方法や，いくつかの県を合算して推定する方法など試みたが，有意な結果を得ることができなかった。
6 貨物関連輸送費の割合が高い産業として，窯業・土石製品，パルプ・紙・木製品，建設，飲食料品などが指摘されている。ただしこれらの産業で交通近接性の改善によって生産額にプラスの影響が大きく表れるとは限らない。高速道路整備によって交通近接性が改善すると同時に，コスト要因からかえって高速道路を回避することで，生産性が低下する可能性がある。

● 主要参考文献
一般財団法人アジア太平洋研究所（2015）『近畿圏道路ネットワーク効果分析業務』報告書。
一般財団法人アジア太平洋研究所（2016）『近畿圏のインフラ・ストック効果の検証—生産関数による経済波及効果の推計—』「交通網の整備・拡充に伴う交通近接性の改善と期待できる経済効果の予測」プロジェクト報告書。
一般財団法人アジア太平洋研究所（2017）『産業別にみた高速道路のインフラ・ストック効果の検証』「交通インフラ整備の経済インパクト分析」プロジェクト報告書。
一般財団法人計量計画研究所（2012）『高速道路整備の経済波及効果計測に関する研究』。
稲田義久・入江啓彰（2015）「関西地域間産業連関表による域際取引構造の分析」『産研論集』（関西学院大学産業研究所）第42号，9-16ページ。
入江啓彰（2013）「関西における地域間交易」『近畿大学短大論集』第46巻第1号，15-26ページ。
インフラ政策研究会（2015）『インフラ・ストック効果—新時代の社会資本整備の指針—』

中央公論新社。
奥田隆明・林良嗣（1995）「高速道路の整備効果に関する一般均衡分析―CGE モデルを用いた実証分析―」『地域学研究』第25巻第1号，45-56ページ。
小池淳司（2016）「道路のストック効果は計測可能なのか？」『高速道路と自動車』第59巻第2号，5-8ページ。
国土交通省（2007）「道路の中期計画（素案）」参考4。http://www.mlit.go.jp/road/ir/ir-douro-keikaku/pdf.html
佐藤慎祐・藤井聡（2012）「高速道路整備の地域産業への影響に関するパネル分析」『第46回土木計画学研究・講演集』No.199。
柴田つばさ・小坂弘行（2012）「交通インフラ効果のモデル分析―全国9地域間産業連関モデルを用いて―」『運輸政策研究』第14巻第4号，13-23ページ。
桝谷有三・田村亨・斉藤和夫（1995）「道路網を対象とした時間距離行列の視覚化」『土木計画学研究・論文集』第12号，567-574ページ。
要藤正任・吉村有博（2016）「社会資本によるスピルオーバー効果と地域経済成長―市町村データを用いた高速道路整備効果の実証分析」KIER Discussion Paper No.1603
吉野直行・中島隆信（1999）『公共投資の経済効果』日本評論社。

第 5 章

景気先行指数の動的文書生成にもとづく再現可能研究

1 はじめに

　筆者らは，根岸編（2012）[1]の第6章付録[2]において，データ解析環境Rの Sweave 機能を利用し，複数の景気動向指数の系列に対するデータをデータベースから抽出し景気基準日付を同定するための図表の作成過程を自動的に文書化する試みを行った。当時としてはこのような試みに対する名称は一般的には知られていなかったけれども，現在では動的文書（Dynamic Documents）とよばれ，専門用語として扱われるようになっている。さらに近年その重要性が指摘されている再現可能研究（Reproducible Research）を実現するための機能として再認識されている。本章は，この動的文書と再現可能研究の最近の動向について調査することを1つの目的としている。

　一方，現在，筆者の一人（豊原）は，

「兵庫県と関西学院大学産業研究所との調査研究に関する協力協定書」
（2015年7月15日）

に基づき，月末に兵庫県からデータを受け取り，試算した景気先行指数（Composite Leading Indicators: CLI）を2015年10月より公開している[3]。この公開においては，Rとその統合開発環境RStudio上に実装された動的文書生成機能である knitr が利用されており，文書と図表の作成過程を自動化すること

によって行われていることに注意しよう．本章のもう1つの目的は，この動的文書生成を実現している仕様について解説することである．

本章の構成は以下のようなものである．まず第2節では，動的文書の起源であるWEBシステムについて述べる．次に，第3節では，従来から行われてきたデータ解析にもとづく文書作成法と動的文書生成の発展形として現在広く利用されているSweaveとknitrによる動的文書の生成とを比較しながら解説する．なお，ここでは動的文書生成にもとづく再現可能研究についても言及する．さらに，第4節では，兵庫県の景気先行指数を公表するためにknitrを利用する事例について解説する．最後に，第5節では結びとして今後の課題について述べる．

なお，付録A，Bには，Windows[4]とmacOS[5]，におけるSweaveとknitrについての環境設定と利用法を与えるとともに，付録Dには動的文書生成に関する機能について補足するとともに，Sweaveの環境設定ファイルをカスタマイズする方法や，Rnwファイルの入れ子構造に関する設定について述べている．最後に付録Eでは，第4節で利用された景気先行指数の計算に利用されたRスクリプトファイルのソースコードを与えている．

2　動的文書の起源

動的文書の起源はDonald Knuth[6]によるWEBシステム[7]（WEB System）にまで遡ることができる（Knuth（1984）参照）．WEBシステムの概念は，以下のような関係式で表される．

WEB System = Document Formatting Language + Programming Language

すなわち，文書整形言語（document formatting language）とプログラミング言語（programming language）を兼ね備えたものがWEBシステムであり，プログラミング言語のソースコード（source code）を文書中に埋め込んだファイルを扱うことができるとともに，文書中のプログラムを実行した結果も文書に

埋め込むことができることに注意しよう。WEBシステムには2種類の特徴的な機能が実装されている。まず，扱うファイル（WEBファイル）から文書ファイルを抽出する機能が「ウィーブ（編み込み）」（weave）である。もう1つは，プログラミング言語のソースコードを抽出する機能である「タングル（縺れ）」（tangle）である。WEBシステムのこれらの機能を利用することによって，ソースコードとその文書の両方の機能を持つ文書を単一のファイルで同時に作成することができる。この利点としては，ある目的のためのプログラミングを行っているときに，ソースコードが完成すると同時にその説明文書（マニュアル等）も完成しており，ウィーブすることによって文書を抽出することができ，さらにソースコードのみをタングルによって抽出することもできる。

Knuth（1984）では文書整形言語としてTeXが，またプログラミング言語としてはPASCALが扱われており，**図表5-1**が示すように，ウィーブすることによって抽出されたTeXファイルをコンパイルすることによってDVIファイルを生成し，ハードコピーなどの作成に役立てることができる[8]。また，タングルすることによってPASCALのソースコードを生成することができ，コンパイルすることによってRELファイルが生成され，ロードすることによってプログラムを実行することができる[9]。

図表5-1 WEBファイルの二重利用（Knuth（1984）のFig.1を参考に筆者作成）

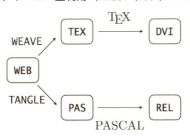

現在までに提案されたWEB以外の文芸的プログラミングにもとづく動的文書生成を実行するための環境としては，Norman Ramseyによるnowebがある[10]。nowebはWEBシステムのほとんどの機能を保持しながら，複雑であっ

たWEBシステムをより簡素にしたものであり，プログラミング言語に依存せず，文書整形言語として TeX, LaTeX, HTML をサポートしているという点で優れていることに注意しよう。

3　Sweave と knitr による動的文書と再現可能研究

データ解析と，それに関連するリサーチレポートなどの文書を作成する一般的な流れを図表5-2に与える。

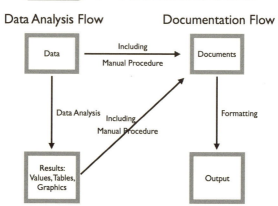

図表5-2　データ解析と文書作成：静的文書

この文書作成手順を動的文書に対応させて「静的文書」（static documents）とよぼう。つまり，いったんデータ解析を行った一連の結果を作成しておいて，文書に（自動的にではなく）手動（manual）でコピー・アンド・ペーストによって「静的」に作成する方法である。たとえば，データ解析は R を用いて行い，文書を LaTeX で作成する場合を図表5-3に与える。

この文書作成法の欠点は手動であるがゆえに，人為的なミスが混入する可能性があることであり，一度作成した文書を同一のデータと同一の解析手法にもとづいて再度作成しても全く同一の結果として再現することが困難な場合があることにある[11]。

図表5-3 Rによるデータ解析とLaTeXによる文書作成：静的文書

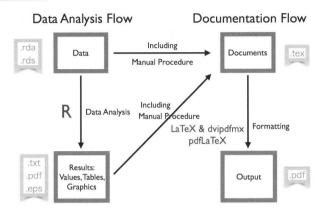

このような問題に対して，データ解析を行うためのソフトウェアのソースコードを文書に埋め込んで作成することができれば[12]，コピー・アンド・ペーストなどの際に生じる人為的なミスを軽減できることが予想される。このことから，動的文書のアイデアがデータ解析を行った結果の文書を再現可能性を考慮して作成することへ応用されることは自然な流れであろう。**図表5-4**にデータ解析を行い，その結果のレポートなどを動的文書によって作成する流れの概念図を与える。

図表5-4 データ解析と文書作成：動的文書

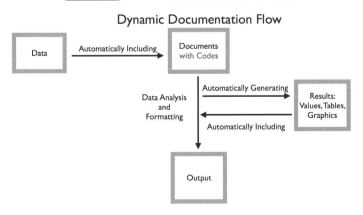

このような動向の中で，Friedrich Leisch は WEB システムの拡張された再実装である noweb を利用し，文書整形システム LaTeX とデータ解析環境 R を融合させた Sweave[13]を関数として実装した[14]（Leisch（2002）参照）。**図表5-5**にデータ解析を R を用いて行い，Rnw ファイルを Sweave で処理することによって LaTeX によるレポートなどの文書ファイルを動的文書によって生成し，LaTeX のコンパイラによって PDF ファイルを自動的に作成する流れを概念図として与えている。

図表5-5 データ解析と文書作成：動的文書（Sweave）

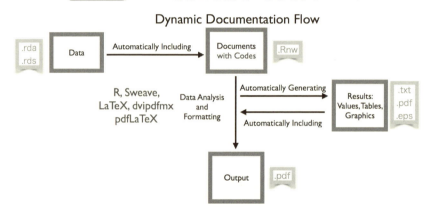

なお，Sweave に関する主ファイルの処理の流れは**図表5-6**のようなものである。

図表5-6 Sweave に関する動的文書に関する主ファイルの流れ

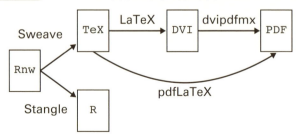

また，Yihui Xie は John Gruber によるマークアップ言語 Markdown[15]と R を融合させた knitr[16]を R に実装した[17]。最終の出力結果はデフォルトではマークアップ言語 HTML である[18]。

knitr は R の統合開発環境である RStudio 上での利用が推奨される。

図表5-7 データ解析と文書作成：動的文書（knitr）

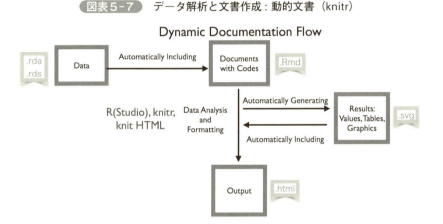

なお，knitr に関する主ファイルの処理の流れは**図表5-8**のようなものである。

図表5-8 knitr に関する動的文書に関する主ファイルの流れ

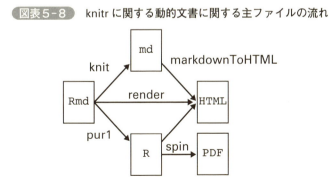

以上，Sweave と knitr による動的文書とその機能を利用した再現可能研究の可能性について述べてきたが，これらの環境を実際に利用する際の設定や実

行例については,付録 A (Sweave), B (knitr) に与えるので参照されたい.

4 景気先行指数に関する動的文書生成

本節では,兵庫県の景気先行指数 (CLI) を公開する際に,マニュアル作業で行っている従来の手順を確認し,次に,動的文書を生成することによって自動化できる手順について述べる.

まず,これまでの Web による公開までの作業としては,OECD[19]が公開している CLI を計算するためのアプリケーション CACIS[20]を用い,以下の手順によって兵庫県の CLI に関する情報を毎月更新してきた.

手順(1):公表されたデータから CACIS を用いて CLI を計算
手順(2):手順(1)で与えられた結果を Excel 形式のファイルに出力
手順(3):手順(2)で出力されたファイルから必要な数値を読み出し,雛形にあてはめて HTML ファイルを作成
手順(4):手順(3)で出力されたファイルをサーバに転送[21])

これらの手順のうち,手順(1)〜(3)は,R によってほぼ代替的に処理できることがわかった(豊原 (2014),豊原 (2017) 参照)。実際の手順としては,RStudio 上で以下の RMarkdown ファイルを Knit ボタンを押すことによって処理し,HTML 形式に動的に出力することによって行う.

ソースコード 1:RMarkdown ファイル:dy_doc01.Rmd

```
1  ---
2  title: "dynamic document"
3  output: html_document
4  ---
5  # 今月の兵庫 CLI
6  ## 20170829 発表
7  ```{r, echo=FALSE}
8  source("./dy_doc01.R")
```

```
 9  cli<-clix()
10  library(BCDating) #Bry-Boschan法による景気転換点推測のライブラリの呼び出し
11  plot(cli,BBQ(cli,mincycle=24,minphase=9),main=c("HYOGO CLI"))
12  BBQ(cli,mincycle=24,minphase=9)
13  print (paste("水準",round(cli[length(cli)],2),
14  "前月からの増分",round(cli[length(cli)]-cli[length(cli)-1],3),
15  "前年からの増分",round(cli[length(cli)]-cli[length(cli)-12],3)))
16  ```
```

　上記のソースコードの解説を簡単に行うと，まず，1行目から4行目では，本文書のタイトルを"dynamic document"とすることを示しており，本文の見出しを5行目と6行目に配している。

　次に，実際の計算処理を行うRのスクリプトが7行目から16行目[22]である。ここで，8行目は，CLIを求めるRのスクリプトファイルであるdy_doc01.Rを読み込んでいる。このスクリプトには，データが格納されたExcelファイルの読み込みや外れ値の処理，トレンド除去，標準化というプロセスを経て最終結果を求めるものであり，豊原（2017）で得られた結果をR関数clixとして実装したものであることに注意しよう[23]。また，9行目で関数clixを実行することによって得られた結果をcliオブジェクトに格納している。

　さらに，10行目でBry-Boschan法による景気転換点推測のためのRパッケージBCDatingを読み込み[24]，11行目でBry-Boschan法によって得られた景気の山谷をプロットしている。また，12行目で実際の山と谷の結果を表示している。

　最後に，13行目から15行目で最終時点の水準，対前月増分，対前年同月増分を表示している。結果として得られるHTMLファイルを表示したものが**図表5-9**に与えられているので参照されたい。

図表5-9　動的に出力された HTML ファイル

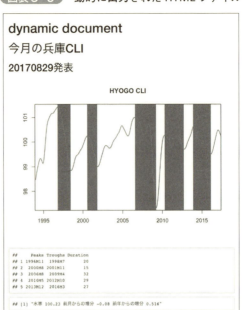

5　おわりに―今後の課題

　本章では，動的文書と再現可能研究の最近の動向について述べるとともに，その具体的な事例として，兵庫県の景気先行指数の公開を動的文書を生成することによって実現していることを紹介した。第4節で示したように，RとRMarkdownによるスクリプトで景気先行指数の計算から可視化したものを含む文書を自動的に生成するような仕様としておけば，データの更新と年月などのいくつかのパラメータを引数として与えることで，新たな結果を Web 上に公表するための HTML ファイルを動的かつ簡便に生成できることが明らかとなった。これによって透明性の高い処理が行えるとともに再現可能研究を実行できることが期待できる。

ただし，実際にWebに情報を発信する場合には，他の指標を踏まえた総合的な判断が必要となる場合があり，その作成過程においてほとんど自動化は可能であるものの，最終的なチェックについては少なくとも現状ではマニュアル操作を行わざるを得ないのが現状である。したがって現時点では定型的な資料の作成に限定せざるを得ないことを指摘しておく。

また，現時点ではデータは，事前に用意されたExcelファイルを読み込むことによって行っているが，データベースからダイレクトにデータを抽出するような仕様への変更を検討したり，また，動的に生成されたHTMLファイルを自動的にWebサーバにアップロードするような仕様も考えられる。さらに，これらの一連の作業をUnix系OSに用意されているcronにより完全に自動実行するような仕様も考えられるであろう。

今後は，基調判断[25]のように明確な指標を持っているものについては，動的文書を生成する仕様を積極的に導入するとともに，参考資料のWeb化を行うことで，より多様なアウトプットを提供する予定である。

付 録

A Sweave の環境設定と利用法

ここでは，Sweave を利用するための環境設定と，Windows と macOS での利用法を与える．なお，以下では，Windows 環境下におけるディレクトリ（フォルダ）構造を表す際に利用される分割符である円マーク（¥）とバックスラッシュ（\）は同一視することに注意しよう．また，macOS と R では分割符はスラッシュ（/）で表されることにも注意しよう．

A.1 環境設定

1．$\TeX$（TeX Live2017）[26] と R（R 3.4.1）[27] のインストール
2．パス設定

Windows の場合：

```
# R
C:\RInstallDirectory\bin
C:\RInstallDirectory\share\texmf\tex\latex
# TeX
C:\texlive\2017\bin\win32
```

ここで，C:¥RInstallDirectory は，たとえば，C:¥R¥R-3.4.1 である．

macOS の場合：

```
# R
/RInstallDirectory/Resources/bin
/RInstallDirectory/Resources/share/texmf/tex/latex
# TeX
/Library/TeX/texbin/
```

ここで，/RInstallDirectory は，通常は，/Library/Frameworks/R.framework である．

A.2 基本的な利用法（デフォルト）

ここでは，基本的な Sweave の利用法を与える．その際，ユーザのホームディレクトリ[28]の直下に作業ディレクトリ Sweave が用意されているものとする[29]．

なお，ここでは macOS 上にユーザ masa が登録されているという前提のもとで基本的な利用法を例として与えるが，Windows においても基本的な操作は同様である[30]．

① Sweave ファイル（Rnw ファイル）作成

作業ディレクトリ /User/masa/Sweave に以下のファイルを作成[31]：

```
                   sweavesample.Rnw
\documentclass[a4j,dvipdfmx]{jarticle}
\usepackage{graphicx}
\title{Sweave を使った文書作成 }
\author{ 地道 正行 }
\date{2017 年 9 月 11 日 }
\begin{document}
\maketitle
Sweave を使った文書作成の簡単な例を与える．具体的には，正規乱数を発生さ
せ，その時系列プロットを描く．
まず，
<<>>=
n<-1000
set.seed(12345)
normal.data<-rnorm(n)
@
という入力によって標準正規分布 $N(0,1)$ に従う \Sexpr{n} 個の乱数が発
生できる．
次に関数 \texttt{plot.ts} を使って，以下のように図を描くことができる：
\begin{center}
<<echo=TRUE,fig=TRUE>>=
plot.ts(normal.data)
@
\end{center}
\end{document}
```

② ファイルのウィーブとコンパイル

以下のどちらかの方法でファイルをウィーブし，コンパイルする。

(a) R とシェルのコマンドラインからの利用

```
# 作業ディレクトリを設定
> setwd("/Users/mas/Sweave")
# R を起動後，Sweave 関数で処理
> Sweave("sweavesample.Rnw",encoding="utf8")
# シェルへエスケープし，コンパイル
$ ptex2pdf -l sweavesample.tex
```

ここで，# 以下はコメント行であり，> は R のプロンプトである。また，$ はシェルプロンプトである。

ファイル処理の流れ：Rnw → tex → dvi → pdf

(b) シェルのコマンドラインからの利用

```
# 作業ディレクトリに移動
$ cd /Users/masa/Sweave
# R をコマンドラインから直接起動し Sweave で処理
$ R CMD Sweave --encoding="utf8" sweavesample.Rnw
# コンパイル
$ ptex2pdf -l sweavesample.tex
```

ファイル処理の流れ：Rnw → tex → dvi → pdf

③ PDF ファイルのビュー

作成された PDF ファイルを適当な PDF ビューアで開く（**図表 5-10**を参照）。

Windows ユーザへのお薦めの PDF ビューアは **Sumatra PDF**[32]である。macOS ユーザは標準で付属するアプリケーション「プレビュー」でよいであろう。

ファイル処理の流れ：Rnw → tex → dvi → pdf

図表5-10　作成された PDF ファイル sweavesample.pdf

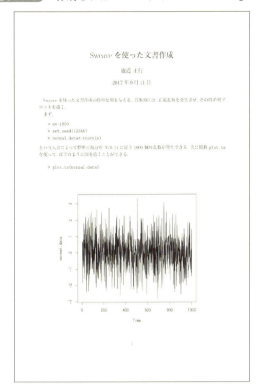

A.3　Windows 環境での利用法

Windows 環境ではバッチファイルを利用した以下のような利用法がある。（Sweave ファイルは sweavesample.Rnw を利用）。

① バッチファイルの作成と保存

以下のようなバッチファイルを作成し，パスの通ったディレクトリ（たとえば，C:¥tools）に保存する。

```
                    ┌─ SweavePDFDVI.bat ─┐
R.exe CMD Sweave --encoding="utf8" %1
set fname=%~n1
ptex2pdf -l -ot -kanji=utf8 %fname%
ptex2pdf -l -ot -kanji=utf8 %fname%
```

② バッチファイルの実行

```
$ cd C:\Users\masa\Sweave
$ SweavePDFDVI.bat sweavesample.Rnw
```

③ PDF ファイルのビュー

ファイル処理の流れ：Rnw → tex → dvi → pdf

A.4 TeXShop を利用する場合

macOS 環境で TeXShop[33] を利用する場合は以下のような利用法がある。（Sweave ファイルは sweavesample.Rnw を利用）。

① シェル・スクリプト・ファイルの作成と保存

TeXShop 用のシェル・スクリプト・ファイル[34] を以下のように作成し，ディレクトリ

~/Library/TeXShop/Engines

に保存する[35]。ここで，"~" はホームディレクトリを指すことに注意しよう。

```
                    ┌─ Sweave-utf8.engine ─┐
#!/bin/sh
export LANG=ja_JP.UTF-8 # この設定は重要！
export PATH=$PATH:/Library/TeX/texbin
R CMD Sweave --encoding="utf8" "$1"
filename=${1%.*}
ptex2pdf -l -ot "-synctex=1" "$filename"
ptex2pdf -l -ot "-synctex=1" "$filename"
```

② TeXエンジンを指定してコンパイル

TeXShopでエンジンを`Sweave-utf8`を選択して`タイプセット`ボタンを押す（図表5-11も参照せよ）。

図表5-11 TeXShopでSweaveファイルを処理

③ PDFファイルのビュー

ファイル処理の流れ：Rnw → tex → dvi → pdf

A.5 makeコマンドを利用する場合

macOSやUbuntuなどのUnix系OS環境[36]ではmakeコマンドを利用した以下のような利用法がある（Sweaveファイルは`sweavesample.Rnw`を利用）。

① シェルスクリプトの作成と保存

以下のようなシェル・スクリプト・ファイルを作成し，パスの通ったディレクトリ（たとえば，`/usr/local/bin`）に保存する[37]。

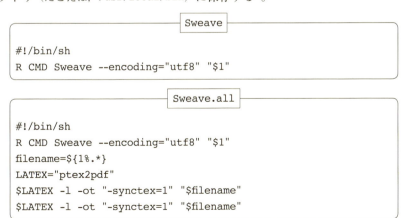

```
Sweave
#!/bin/sh
R CMD Sweave --encoding="utf8" "$1"
```

```
Sweave.all
#!/bin/sh
R CMD Sweave --encoding="utf8" "$1"
filename=${1%.*}
LATEX="ptex2pdf"
$LATEX -l -ot "-synctex=1" "$filename"
$LATEX -l -ot "-synctex=1" "$filename"
```

② Makefile の作成

```
                        Makefile
all:
        Sweave.all sweavesample.Rnw
Sweave:
        Sweave sweavesample.Rnw
preview:
        open sweavesample.pdf
clean:
        rm sweavesample-0*
        rm sweavesample.tex
        rm sweavesample.pdf
        rm -r *.log *.dvi *.aux
```

③ make コマンドの実行

```
$ make all
$ make preview
```

ファイル処理の流れ：Rnw → tex → dvi → pdf

A.6 RStudio の利用

R の統合開発環境（Integrated Development Environment: IDE）である RStudio[38]を利用することによって Sweave ファイルを処理することができる[39]。

以下のような手順で Sweave ファイルを作成・処理できる。

1. 以下の手順でメニューを選択することによって Sweave のテンプレートファイルを作成：

   [File] → [New File] → [R Sweave]

2. Sweave ファイルを修正

3. Compile PDF ボタンを押し，PDF ファイルを生成（図表５-12も参照せよ）

図表5-12 RStudio で Sweave ファイルを処理

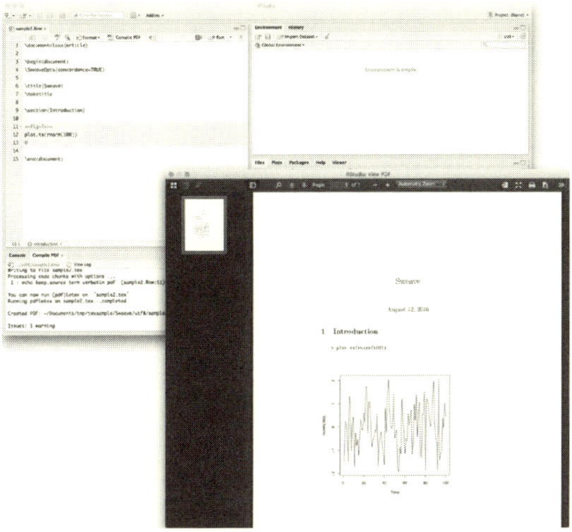

ファイル処理の流れ：Rnw → tex → pdf

B　knitr の環境設定と利用法

B.1　環境設定

knitr のインストールは Sweave の環境設定を行ったことを前提としていることに注意しよう[40]。

以下のような追加インストール作業を行う：

1．RStudio のインストール
2．R の追加パッケージのインストール
　R または RStudio のコンソール上で以下のように入力

```
> install.packages("knitr")
> install.packages("caTools")
> install.packages("rmarkdown")
> install.packages("markdown")
```

3．pandoc[41]のインストール（rmarkdown 利用時）

B.2 基本的な利用法（デフォルト）

ここでは，作業ディレクトリ knitr をホームディレクトリの直下に作成したことを仮定して以下の作業を行う。

① knitr ファイル（Rmd ファイル）作成

作業ディレクトリに以下のファイルを作成：

sweavesample.Rmd

```
---
title: "knitr を使った文書作成 "
author: " 地道 正行 "
date: "2017 年 9 月 11 日 "
output:
  html_document: default
  pdf_document:
    toc: yes
  word_document: default
---
knitr を使った文書作成の簡単な例を与える．具体的には，正規乱数を発生させ，その時系列プロットを描く．
まず，
```{r}
n<-1000
set.seed(12345)
normal.data<-rnorm(n)
```
という入力によって標準正規分布 $N(0,1)$ に従う `r n` 個の乱数が発生できる．次に関数 `plot.ts` を使って，以下のように図を描くことができる：
```{r fig.width=5, fig.height=5}
plot.ts(normal.data)
```
```

② Rのコンソールからの利用

(a) 関数 knit, markdownToHTML を利用する方法

```
# R を起動後, 作業ディレクトリを設定
> setwd("/Users/masa/knitr")
# knitr パッケージを呼び出し
> library(knitr)
# knit 関数で処理
> knit("knitrsample.Rmd")
# markdown パッケージを呼び出し
> library(markdown)
# markdownToHTML 関数で処理
> markdownToHTML("knitrsample.md",
    output="knitrsample.HTML")
```

ここで, # 以下はコメント行であり, > は R のプロンプトである。

ファイル処理の流れ：Rmd → md → html

(b) 関数 render を利用する方法

```
# R を起動後, rmarkdown パッケージを呼び出し
> library(rmarkdown)
# render 関数で処理
> render("knitrsample.Rmd")
```

ファイル処理の流れ：Rmd → html

③ HTML ファイルのビュー

作成された HTML ファイルを適当な Web ブラウザで開く（**図表 5-13** を参照）。

図表 5-13 作成された HTML ファイル `knitrsample.html`

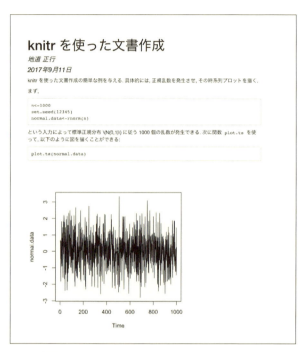

B.3 RStudio の利用

RStudio を利用することによって knitr ファイルを処理することができる[42]。以下のような手順で knitr ファイル（Rmd ファイル）を作成・処理できる：

1. 以下の手順でメニューを選択することによって knitr のテンプレートファイルを作成：

   `[File] → [New File] → [R Markdown...]`

2. knitr ファイルを修正
3. Knit ボタンを押し，HTML ファイルを生成（**図表 5-14** も参照せよ）。

デフォルトの描画は専用のビューアに表示されるけれども，ビューア上の Open in Browser ボタンを押すことによって，Web ブラウザで表示することもできることに注意しよう。

図表5-14　RStudio で knitr ファイルを処理

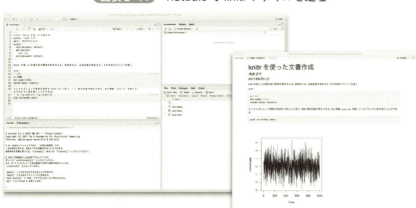

ファイル処理の流れ：Rmd → html

C　チャンク

Sweave ファイルと knitr ファイルは単純なテキストファイルであるけれども共通する**チャンク**（chunk）とよばれる部分から構成されている。チャンクには以下の2種類のものがある：

コード・チャンク（code chunk）：R のコードを記述する部分
ドキュメンテーション・チャンク（documentation chunk）：LaTeX や HTML など文書整形言語（マークアップ言語）によるテキストを記述する部分（デフォルトのチャンク）

ここで，これらのチャンクの切り替えは以下のようなもので行われる。

Sweave：コード・チャンク：<<>>= で始まる行から @ までの部分

ドキュメンテーション・チャンク：@ で始まる部分（デフォルト）（**図表 5-15** も参照）。

図表 5-15　Sweave ファイルのチャンク：コード・チャンク，ドキュメンテーション・チャンク

knitr：コード・チャンク：```{r} で始まる行から ``` までの部分
ドキュメンテーション・チャンク：``` で始まる部分（デフォルト）
（**図表 5-16** も参照）。

図表 5-16　knitr ファイルのチャンク：コード・チャンク，ドキュメンテーション・チャンク

コード・チャンクについては**ラベル**と**オプション**を以下の形式で与えることができる：

Sweave：<<label option>>=
knitr：```{r label option}

ドキュメンテーション・チャンクの中で，Rコードを記述したいときは以下のように記述する：

Sweave：\Sexpr{R code}
knitr：`r R code`

D Tips

D.1 タングル

文芸的プログラミングにおいて文書整形言語とプログラミング言語のウィーブ（編み込み）は重要な機能であるが，プログラミング言語のコードのみを取り出すタングル（縺れ）はもう一方の重要な機能である。Sweaveとknitrにおけるタングルは，それぞれの作業ディレクトリにおいてRを起動し以下のように行う：

Sweave：Rのコンソールで以下のように入力：

```
> Stangle("sweavesample.Rnw")
```

このような入力によって以下のようなRスクリプトファイルが得られる：

sweavesample.R

```
### R code from vignette source (以下省略)
### Encoding: UTF-8

###################################################
### code chunk number 1: sweavesample.Rnw:17-20
###################################################
n<-1000
set.seed(12345)
normal.data<-rnorm(n)
```

```
####################################################
### code chunk number 2: sweavesample.Rnw:25-26
####################################################
plot.ts(normal.data)
```

knitr：R のコンソールで以下のように入力：

```
> purl("knitrsample.Rmd")
```

このような入力によって以下のような R スクリプトファイルが得られる：

knitrsample.R

```
## -----------------------------------------------
n<-1000
set.seed(12345)
normal.data<-rnorm(n)

## ----fig.width=5, fig.height=5-------------------
plot.ts(normal.data)
```

knitr ではウィーブを「ニット（編み込み）」(knit) とよび，タングルを「パール（裏編み）」(purl[43]) とよぶことに注意しよう．

D.2　スピン

knitr は従来の文芸的プログラミングの機能を拡張した「スピン（紡ぎ）」(spin) を実装している．スピンはプログラミング言語である R のスクリプトファイルから，マークアップ言語 Markdown のファイルを生成し，最終的に HTML ファイルを作成する機能を表している．

ここでは，作業ディレクトリ spin をホームディレクトリの直下に作成したことを仮定して以下の作業を行う：

① R スクリプトファイル作成

作業ディレクトリに以下のファイルを作成：

spinsample.R

```
#' # spin による HTML,TeX ファイルの生成
#' ## 正規乱数の発生と時系列プロット
x<-rnorm(1000)
plot.ts(x)
```

② 関数 spin で HTML ファイルの生成

```
# R を起動後，作業ディレクトリを設定
> setwd("/Users/masa/spin")
# knitr パッケージを呼び出し
> library(knitr)
# spin 関数で処理
> spin("spinsample.R")
```

③ HTML ファイルのビュー 作成された HTML ファイルを適当な Web ブラウザで開く（図表 5-17 も参照）。

図表 5-17　spin で生成し，HTML ファイルを Web ブラウザでビュー

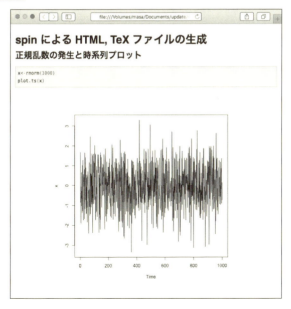

なお，以下のように入力することによってPDFファイルも生成可能であるけれども，「日本語」が表示されないため結果は割愛する．

```
# spin 関数で処理
> spin("spinsample.R",format="Rnw")
```

D.3 Sweaveにおけるスタイルファイルのカスタマイズ

Sweaveのデフォルトのスタイルでは，コード・チャンクの実行結果がタイプライタ体の「斜体」で印字されるけれども，「立体」にし，さらにマージンを調整するための方法がIhaka（2009）で与えられている．

以下はIhaka（2009）をもとに作成したSweave.styファイルである：

修正されたSweave.sty

```
%---------------------
% This file was made by M. Jimichi refere to Ross Ihaka's document.
% 2017/09/11
%---------------------
\NeedsTeXFormat{LaTeX2e}
\ProvidesPackage{Sweave}{}
\RequirePackage{ifthen}
\newboolean{Sweave@gin}
\setboolean{Sweave@gin}{true}
\newboolean{Sweave@ae}
\setboolean{Sweave@ae}{true}
\DeclareOption{nogin}{\setboolean{Sweave@gin}{false}}
\DeclareOption{noae}{\setboolean{Sweave@ae}{false}}
\ProcessOptions
\RequirePackage{graphicx,fancyvrb}
\IfFileExists{upquote.sty}{\RequirePackage{upquote}}{}
\ifthenelse{\boolean{Sweave@gin}}{\setkeys{Gin}{width=0.8\textwidth}}{}%
\ifthenelse{\boolean{Sweave@ae}}{%
  \RequirePackage[T1]{fontenc}
  \RequirePackage{ae}
}{}%
```

```
\newenvironment{Schunk}{}{}%
\DefineVerbatimEnvironment{Sinput}{Verbatim}{xleftmargin=2em}
\DefineVerbatimEnvironment{Soutput}{Verbatim}{xleftmargin=2em}
\DefineVerbatimEnvironment{Scode}{Verbatim}{xleftmargin=2em}
\fvset{listparameters={\setlength{\topsep}{0pt}}}
\renewenvironment{Schunk}{\vspace{\topsep}}{\vspace{\topsep}}
\newcommand{\Sconcordance}[1]{%
  \ifx\pdfoutput\undefined%
  \csname newcount\endcsname\pdfoutput\fi%
  \ifcase\pdfoutput\special{#1}%
  \else%
    \begingroup%
      \pdfcompresslevel=0%
      \immediate\pdfobj stream{#1}%
      \pdfcatalog{/SweaveConcordance \the\pdflastobj\space 0 R}%
    \endgroup%
  \fi}
```

D.4 Rnwファイルの入れ子構造化

書籍や論文においてある程度長い文書を作成するときに，通常のLaTeXファイルにおいて

```
\input{texファイル名}
```

と指定してファイルを「入れ子」の構造にして作成することが可能であるが，Sweaveファイルでは以下のように入力する必要があることに注意しよう：

```
\SweaveInput{Rnwファイル名}
```

E 景気先行指数の計算に利用されたRスクリプトファイルとデータファイル

処理に用いられたRのスクリプトファイルのソースコードとデータファイル（Excelファイル）の一部を以下に与える。なお，同一ディレクトリ内に全てのファイルをおくものとする。

ソースコード2：my_func.R

```r
###############################################
# 関数等の定義 ;my_func.R
#################### outlier
my_outlier <- function(x_in){
require(outliers,quietly=TRUE)
ol=0
x0<-x_in
x0_score<-abs(scores(x_in, type = "mad"))
for( i in 1:length(x0))
{
if((x0_score[i]<5) && (ol==0))
{
ol=0
} else if((x0_score[i]>5) && (ol==0))
{
ol=1
} else if((x0_score[i]>5) && (ol>0))
{
ol=ol+1
} else if((x0_score[i]<5) && (ol>0))
{
xsrt=x0[i-ol-1] #i 227-230
xend=x0[i]
for (iol in 1:ol) {
x0[i-ol+iol-1]=((ol-iol+1)*xsrt+iol*xend)/(ol+1)
}
olx=ol
ol=0
}
}
x_out=x0
return(x_out)
}
#################### hp フィルタ
my_hpfilter <-function(x_in,noplot=0) {
require(mFilter,quietly=TRUE)
x11<-hpfilter(x_in,freq=120,type=c("freq"),drift=FALSE)
x12<-hpfilter(x11$cycle,freq=13.92820323,type=c("lambda"),drift=FALSE)
```

```
39  if(noplot==0) {
40  plot(x12$trend)
41  }
42  return(x12$trend)
43  }
44  #################### 標準化
45  my_norm <- function(x) 100+x/sd(x)
```

ソースコード3：dy_doc01.R

```
1   clix <- function (term="201708",ts_start=c(1994,01))
2   {
3   library(openxlsx)
4   source("./my_func.R")
5   fnam<-paste(term,"_hyogo.xlsx",sep="")
6   x0<-read.xlsx(fnam,1)
7   x<-x0[,-1]
8   n<-dim(x)[1]
9   p<-dim(x)[2]
10  ############# 各データの処理 11 x1 <- matrix(0,n,p)
12  x_detrend <- matrix(0,n,p)
13  x_norm <- matrix(0,n,p)
14  for(i in 1:p){
15  x1[,i] <- my_outlier(x[,i]) # 外れ値処理した系列を生成
16  x_detrend[,i] <- my_hpfilter(x1[,i],noplot=1) # detrend 系列を生成
17  x_norm[,i] <- my_norm(x_detrend[,i]) # 正規化した系列を生成
18  if((i == 3) || (i == 7)) x_norm[,i]=200-x_norm[,i] # 逆サイクル
19  }
20  CLI<-apply(x_norm[,-1],1,mean)
21  cli0<-ts(CLI,start=ts_start,freq=12) 22 return(cli0)
23  }
```

図表5-18　データファイル（1994年分のみ抜粋）

	CI	L1	L2	L3	L4	L5	L6	L7
1994/1/1	90.3	82.3	125.6	5,483	11,101	15,347	67	88.6
1994/2/1	88.8	79.3	123.3	5,646	9,980	14,874	58	89.4
1994/3/1	89.7	104.8	107.6	4,860	10,810	15,701	60	90.2
1994/4/1	88.3	82.0	115.2	5,113	10,981	15,495	62	91.3

1994/ 5 / 1	89.5	81.5	116.9	6,622	10,610	15,764	52	92.4
1994/ 6 / 1	90.9	83.8	121.2	5,905	10,637	16,083	57	92.8
1994/ 7 / 1	90.9	81.3	110.9	5,378	10,890	16,597	50	94.1
1994/ 8 / 1	94.4	86.7	106.1	6,207	11,470	16,864	47	95.7
1994/ 9 / 1	93.8	86.5	110.0	5,990	10,685	16,404	52	98.6
1994/10/ 1	92.9	83.7	107.7	5,606	10,573	16,295	43	99.4
1994/11/ 1	96.4	89.7	102.2	6,637	10,720	16,272	49	100.8
1994/12/ 1	95.2	83.6	109.6	5,952	10,662	15,774	67	101.0

●注
1 本プロジェクト「関西経済の構造分析」（研究代表者：豊原法彦）の前身である「関西経済と景気循環指数に関する総合的研究」（研究代表者：根岸紳）の成果『関西経済の構造と景気指数』を指す。
2 https://www.nippyo.co.jp/shop/files/downloads/535-55682-9/R-datation-X12-Appendix20120320.pdf
3 http://192.218.163.168/HYOGO-CLI/
4 Windowsは米国Microsoft Corporationの米国およびその他の国における登録商標である。
5 macOSは，米国および他の国々で登録されたApple Inc.の商標である。
6 文書整形言語（システム）TeXの開発者であり，プログラムを文学ととらえ，文芸的プログラミング（literate programming）を提唱した。文芸的プログラミングとは，プログラムを改良するための方法として，プログラムを文学の1つと考えることであるという思想にもとづいたDonald Knuthによる造語である。詳しくはKnuth (1984)を参照されたい。
7 いわゆる，World-Wide Web（WWW）システムとは異なることに注意しよう。
8 現在ではPDFファイルが利用されることが多い。
9 Knuth (1984)ではWEBファイルの例として1000までの素数を生成させる例が扱われている。この例で，WEBシステムがプログラミング言語と文書生成システムを連動させることによってソースコードの作成とそれに関連する文書（解説文書など）を同時に作成することが可能であることを実証しており，このことは画期的な「発明」であったと思われる。
10 https://www.cs.tufts.edu/~nr/noweb/
11 データ解析や文書の作成手順を細かに記録していたとしても，そのすべてをとどめておくことは難しいものと思われる。
12 厳密にはデータ解析は試行錯誤をともなうために，ある程度の解析結果が得られてから動的文書生成を行うためのファイルを作成することが通常であろう。
13 https://leisch.userweb.mwn.de/Sweave/

14 Sweaveはもとはデータ解析言語S用に実装がすすめられていたことからこのような名称となったといわれている。その後Rにも対応した。なお，SweaveファイルのRnwはR Nowebの略であることに注意しよう。
15 http://daringfireball.net/projects/markdown/
16 http://yihui.name/knitr/
17 knitrファイルの拡張子RmdはR Markdownの略であることに注意しよう。
18 PDFファイルやWordファイルに出力することも可能である。
19 経済協力開発機構（Organisation for Economic Co-operation and Development: OECD）の略。http://www.oecd.org/
20 Cyclical Analysis and Composite Indicators Systemの略。CACISについては，Nilsson et.al（2007），Nilsson et.al（2011）が詳しい。
21 WinSCPなどのセキュアな機能をもつ転送アプリケーションを利用している。
22 いわゆる，RMarkdownのチャンクとなっている。チャンクの説明については，付録Cを参照されたい。なお，ディスプレイ上では，バッククォート（'）は`と表示されていることに注意しよう。
23 スクリプトファイル dl_doc01.R と，このファイルからさらに読み込まれる my_func.R のソースコードは，付録Eに与えられているので参照されたい。
24 RMarkdownファイル dy_doc01.Rmd の実行には，RパッケージBCDatingの他にも，openxlsx, outliers, mFilter が別途必要となるため，環境に応じてインストールする必要があることに注意しよう。
25 http://www.esri.cao.go.jp/jp/stat/di/111019siryou2-5.pdf
26 TeX LiveのインストールはISOイメージを利用する方法を推奨する。
27 RをWindowsにインストールする場合にはデフォルトのフォルダではなくC:¥Rを推奨する。
28 Windowsの場合は "C:¥Users¥ユーザ名" であり，macOSの場合は "/Users/ユーザ名" である。なお，「ユーザ名」はASCII文字列であることを前提とする。特に，Windowsにおいて，ユーザ名として「日本語」が利用されている場合は，さまざまなトラブルの原因となるので推奨されない。
29 Unix系OSではファイルを格納する場所のことを「ディレクトリ」（directory）とよぶが，近年のWindows, macOSでは「フォルダ」とよばれる。厳密にはこれらの用語は区別されるが，ここでは簡単のため「ディレクトリ」とよぶこととする。
30 ディレクトリの分割符が "/" から "¥" となることなどである。
31 本章を通じてファイルの文字コードはすべてUTF-8で作成することを前提としていることに注意しよう。
32 Adobe Readerは推奨しない。
33 Richard Kochによって開発されたTeX統合環境（TeX Integrated Environment）。
http://pages.uoregon.edu/koch/texshop/
34 engineファイルと呼ばれる。
35 ただし，"$ chmod+x ファイル名" と入力して，実行ビットを立てておくこと。

36 Windows10では，特別に設定することによって Ubuntu 環境が利用できるので make コマンドも利用できる．
37 ただし，"$ chmod+x ファイル名" と入力して，実行ビットを立てておくこと．
38 https://www.rstudio.com/
39 RStudio は動的文書を作成するための強力な環境となり得るが，残念ながら「日本語」を含む LaTeX ファイルの処理に関しては，デフォルトのコンパイラが pdfLaTeX であることから特別な設定なしには利用できないことに注意しよう（pdfLaTeX のネイティブな日本語への対応がまたれる）．なお，コンパイラを luaLaTeX に変更することによって対応できるが設定は若干煩雑である．
40 knitr の単独利用であれば，「R+RStudio+ 追加パッケージ」という構成でよいが，広い意味での動的文書作成環境を構築するためには TeX 環境をインストールしておくことが推奨される．
41 ユニバーサル・ドキュメント・コンバータ（universal document converter）の1つ．http://pandoc.org/
42 RStudio は「日本語」を含む knitr ファイルを問題なく処理できる．
43 インタプリタである Perl とは異なることに注意しよう．

●参考文献

Bry, G. and C. Boschan（1971）*Cyclical Analysis of Time Series: Selected Procedures and Computer Programs*, Technical Paper 20, Columbia University Press, New York and London.

Gandrud, C.（2015）*Reproducible Research with R and RStudio, Second Edition*, CRC Press.

Ihaka, R.（2009）*Customizing Sweave to Produce Better Looking* LaTeX *Output*, https://www.stat.auckland.ac.nz/~ihaka/downloads/Sweave-customisation.pdf

Knuth, D. E.（1984）*Literate Programming*, The Computer Journal Vol. 27, No. 2, pp. 97-111.

Leisch, F.（2002）*Sweave: Dynamic generation of statistical reports using literate data analysis*. In Wolfgang Härdle and Bernd Rönz, editors, Compstat 2002 - Proceedings in Computational Statistics, pp. 575-580. Physica Verlag, Heidelberg. ISBN 3-7908-1517-9.

Leisch, F. and R Core Team（2017）*Sweave User Manual*, R 3.4.1 online manual.

Nilsson, R. and G. Gyomai（2007）*OECD System of Leading Indicators: Methodological Changes and Other Improvements*, available, http://kolloq.destatis.de/2007/gyomainilssonoecd.pdf

Nilsson, R. and G. Gyomai（2011）*Cycle Extraction: A Comparison of the Phase-Average Trend Method, the Hodrick-Prescott and Christiano-Fitzgerald Filters*, OECD Statistics Working Papers, OECD Publishing.

Ramsey, N. (1998) *Noweb man page*, University of Virginia, USA, Version 2.9a, http://www.cs.virginia.edu/~nr/noweb.

R Development Core Team (2017) *R Data Import/Export*, http://www.r-project.org/, R Foundation for Statistical Computing, Vienna, Austria, ISBN:3-900051-10-0.

Xie, Y. (2015) *Dynamic Documents with R and knitr, Second Edition*, CRC Press.

地道正行（2014）「R を利用した財務データの可視化と統計モデリング：探索的データ解析の視点から」『商学論究』（関西学院大学商学研究会）第61巻第 3 号，241-295ページ。

地道正行（2017）「R による対数非対称正規線形モデルによる財務データの統計モデリング」『商学論究』（関西学院大学商学研究会）第64巻第 5 号，159-185ページ。

地道正行，阪智香（2015）「中規模財務データ解析：データ（ファイル）操作，データ可視化，統計モデリング，動的文書生成」，国際数理科学協会年次大会『統計的推測と統計ファイナンス』分科会研究集会（2015年 8 月22日開催），プレゼンテーション資料。

地道正行・阪智香・豊原法彦（2016）「動的文書と再現可能研究：財務・経済指標データ分析の視点から」，国際数理科学協会年次大会『統計的推測と統計ファイナンス』分科会研究集会（2016年 8 月20日開催），配布資料。

根岸　紳編（2012）『関西経済の構造と景気指数』日本評論社。第 6 章地道正行・豊原法彦「R による景気基準日付の同定と季節調整」，付録 http://nippyo.co.jp/download/ 535-55682-9/R-datation-X12-Appendix20120320.pdf

高橋康介（2014）『シリーズ Useful R 9：ドキュメント・プレゼンテーション生成』共立出版。

髙林喜久生・豊原法彦（2015）「段ボール生産と景気変動に関する一考察：関西経済を中心に」『産研論集』（関西学院大学産業研究所）第42号，35-43ページ。

田中孝文（2008）『R による時系列分析入門』シーエーピー出版。

豊原法彦（2014）「兵庫県 CLI（Composite Leading Indicators）の試作について」『経済学論究』（関西学院大学経済学部研究会）第68巻第 3 号，221-241ページ。

豊原法彦（2017）「関西 CLI（Composite Leading Indicators）の作成とそれに基づく基調判断」『経済学論究』（関西学院大学経済学部研究会）第71巻第 2 号，175-196ページ。

第6章

景気指標から見た兵庫県経済の現況と
指標利用上の課題

◆

1 はじめに

　本章では1997年度から作成を開始した景気動向指数（兵庫DI），2008年度から正式系列として公表した景気総合指数（兵庫CI），さらに2015年度から試算している兵庫県景気先行指数（兵庫CLI）などの景気指標から兵庫県経済の概況や景気指標の分析利用の現状と課題について考察する。

2 兵庫県における景気指標作成の概要

　景気変動とは，生産，労働，在庫，設備投資，企業収益などといった多種多様な経済活動における循環的な変動をひとかたまりとして把握した総体的経済活動の変動のことである。景気循環の1サイクルは回復，好況（拡張），後退，不況（収縮）の4つの局面に分けられ，上昇基調にある経済活動が支配的である状態を景気拡張（上昇）局面，下降基調にある経済活動が支配的である状態を景気収縮（調整）局面とする。景気拡張局面が終わって下降し始める時点を上方転換点（景気の山），また，景気後退が底に達して回復に向かう時点を下方転換点（景気の谷）とよぶ。景気の山の時点は経済のすべての活動が上昇しているときではなく，徐々に経済活動にかげりが見え経済が全体的に不活発化していく中で経済活動の半分にかげりが見られたときをいう。

景気動向指数は，生産，雇用などさまざまな経済活動で重要かつ敏感な指標の動きを合成して作成される総合的な景気指標である。景気基準日付はマクロ経済分析等で重要な役割を果たしている。特に一致系列の各系列の個別循環日付を利用して作成するヒストリカル DI が概ね決定され，ヒストリカル DI で決まった日付を GDP や日銀短観の動向と比較して確認するとともに，専門家による確認も必要である。全体としての景気の良し悪しについては，景気循環が比較的クリアに検出される複数の経済統計を用いて総合的に判断する。さまざまな景気指標を見ると多数のものは同じような動きをしているが，経済活動分野の間にはタイムラグがあり，景気に対して先行して動く活動，景気に対してほぼ一致して動く経済活動，景気に対して遅れて動く経済活動に分類できる。

　DI は景気の先行きを予測するための先行指数，景気の現状を示す一致指数，景気の動きを最終確認するための遅行指数の 3 系列群で構成されている。先行系列は景気に先行した波を描くもの（概ね 4，5 ヵ月程度先行），一致系列は景気にほぼ一致した波を描くもの，遅行系列は景気に遅行した波を描くもの（概ね 6 ヵ月程度遅行）であり，景気局面の判断，予測，転換点（景気の山・谷）の判定に用いるため作成している。景気の現状および将来予測に資するための景気指標である。一致系列 DI が50％ラインを下から上に切り，3 ヵ月連続して50％を上回った場合，その直前の月に景気の谷があり，逆に50％ラインを上から下に切り 3 ヵ月連続して50％を下回った場合，その直前の月に景気の山があると概ね判断される。DI の一致系列の基調で概ね 3 ヵ月程度の動きにおいて DI＞50％のとき景気の拡張（上昇）局面であり，DI＜50％のとき，景気の収縮（後退）局面である。

　CI は，一致指数が上昇しているときが景気の拡張局面，低下しているときが後退局面であり，一致指数の山・谷の近傍に景気の山・谷が存在すると考えられる。

3 景気動向指数の作成と県経済の概況

3-1 基礎データの選定と収集

　既存の個別統計指標から地域景気動向指数の採用すべきもの（採用系列）を選定する。総体的な経済活動の循環変動（景気循環）をとらえるためには，産業の生産活動のほか，労働・物価・消費・投資・金融などの広範な経済活動に目を向ける必要があり，収集すべき基礎データは，当然これら多くの経済分野を網羅したものでなければならない。

　採用系列選定基準は次のとおりである。経済的重要性は，景気動向を把握する上で特に重要なもので，各経済部門を代表するものである。統計的充足性は，月次単位での連続性があり，データの対象カバレッジが広く，信頼性が高い。時系列として長期間整備されており，基本的に月次データである。景気循環との対応性・データの平滑性は，景気変動との密接な動きを示し，データに不規則変動が少ない。景気循環との対応度が良好で循環の回数がほぼ同じである。景気転換点とのリード，ラグの安定性は，リード，ラグの動きが保持され，その時間的ズレが一定していること，データの動きが滑らかで不規則な動きが少ないことである。統計の速報性は，データが早期かつ定期的に作成されていることである。地域特性は，地域の経済構造・経済変動の特性をよく表したものであり，可能な限り全国値の代用ではなく地域単位のデータが必要である。

3-2 基礎データの事前処理

　各経済分野から収集した生データを長期間にわたって循環変動を読むのに適当な基礎データとするためにはデータ処理を行う必要がある。

① 季節調整

　景気循環を的確に捉えるためには，12ヵ月周期の規則的な変動を除去し指標

の推移を観察する必要がある。このような季節変動要素を取り除く方法が季節調整方法であり，その結果得られたデータを季節調整系列とよぶ。季節調整系列は，乗法型の計算では，原系列を季節調整値で割るが，景況判断ＤＩのようなマイナス値を取り得る場合は，加法型で計算するため，季節変動成分等で割ることにより求める。

各データの特性に応じて季節調整ができるように各種選択機能を持ち，事前調整，曜日調整が可能で特異項修正処理に重点がおかれている。調整最短期間は３年で，不規則変動要素の中から特異項を判定し，修正ウェイトを用いて原数値が修正される。たとえば，2017年の予測値は，2015年と2016年季節調整値（最新２年間の季節調整値）により計算する。

新規データ追加に伴い季節調整系列を再計算する場合，原則として12ヵ月分データ判明時に年１回計算し全期間改定する。全国景気動向指数（DI）採用系列データの季節調整方法はセンサス局法が基本である。これは，1979年の統計審議会の勧告により各省庁の経済統計の季節調整方法がセンサス局法に移行したことにより，公的統計は，センサス局法により季節調整を行うことになった。

② 前年同月比

原データの季節性を除去する１つの方法として前年同月比がある。これは毎年必ず同じ月に起こるデータのクセの１つである季節変動に着目し，前年の同じ月と比較するという単純な計算方法によって季節変動の影響を取り除く手法である。計算方法が簡単であり，循環変動が明瞭に抽出できるが，当月のデータを前年同月の数値のみと比較するため12ヵ月前の不規則なデータの動きに影響される。たとえば，当年のデータに不規則な動きがなくても，前年の実勢の変化の具合に大きく影響されるため，前年同月比は，不安定性のため使用を極力避ける必要があるが，トレンドが強すぎて季節調整値では循環変動の確認が困難な場合に使用する。

③ 基準年次の異なる指数データの接続

鉱工業指数のような指数データは，基準年次は5年に1回改定されるが，一定の期間しか作成されないケースが多い。このため長期時系列として使用する場合には基準年次の異なる指数の接続が必要である。たとえば，鉱工業指数のリンク係数の作成方法は次のとおりである。

$$リンク係数 = \frac{平成22年基準による\ 平成20年1〜3月の平均値}{平成17年基準による\ 平成20年1〜3月の平均値}$$

3-3　個別指標（先行系列）の概要

兵庫県景気動向指数の先行系列個別指標の概要は次のとおりである。

L1　生産財生産指数（分野区分：生産・出荷）

生産財は家計や企業の消費する最終製品である最終需要財を除いた原材料等として中間投入される財である。生産財は，景気の谷近くになると企業は先行きの生産を見越して原材料等の在庫を積み増すので，生産財生産指数は上昇し，景気の山が近づき景気拡大のテンポが鈍化すると，原材料等の生産が抑制され生産指数は下降し，景気に先行して動く。

L2　鉱工業製品在庫率指数（在庫）

出荷に対する在庫ストックの割合で在庫水準を表す指標で，商品の需給関係を示す。景気が山から下方に向かうときは出荷が落ち，在庫が増加するので在庫率指数は上昇する。

在庫率が低下し，在庫過剰感が薄らいでくると，生産が増加に転ずるなど景気は谷を迎え，逆に在庫率が上昇し在庫過剰感が高まると生産活動が低迷するなど景気は山を迎える。逆サイクルで景気に先行して動く。

L3　新設住宅着工戸数（投資）

住宅投資の動きを示す代表的な指数であり，所得，地価，建設費，金利等に

反応して動く。金利が下がり地価，建設費が安定してくると増加し始め，景気に先行した動きを示す指標である。住宅投資の増加は景気に対する波及効果をもたらす。着工ベースの指標なので景気に先行して動く。下方トレンドが強い。

L4　新規求人倍率（労働・賃金）

　新規求人数／新規求職者数。景気の悪化に伴う雇用調整は，求人の抑制→所定外労働時間の削減→雇用者の減少，という形をとるために景気に敏感に反応し景気に先行する。企業の労働需給動向を敏感に反映する指標である。

L5　新車新規自動車登録台数（消費・家計）

　耐久消費財の動きに着目したもので，選択的な消費動向を捉える。耐久消費財の普及率が高水準にある現在，商品の多様化，新商品の開発等により，メーカーサイドが消費需要を発掘しリードしていく傾向があり，景気に先行して動く。自動車産業は多くの川下産業を有するため地域産業への影響も認められる。トラック・バス等も含まれるため排気ガス規制特需等の影響を受けやすい。

L6　企業倒産件数（企業経営）

　不況期に金融が緩和してくると企業倒産は減少し景気も回復してくる。景気拡大が進むと新規の企業参入が増加し企業間競争も激しくなるとともに，財政・金融当局は金融引き締めに転じるので倒産は増加する。企業倒産件数は景気動向に逆サイクルで先行して動く。

L7　日経商品指数（42種）（物価）

　値動きの激しい市況商品の全体的な傾向がわかり，取引と景気の実態に敏感に反応する。企業物価指数よりも振幅が大きく先行性が高い。経済のグローバル化に伴い，地方においても原材料等の商品市況の動向の重要性は増している。

　先行系列指標と一致系列個別指標（年平均）の状況は次のとおり（**図表6-1**）。

第 6 章　景気指標から見た兵庫県経済の現況と指標利用上の課題　119

図表6-1　兵庫県景気動向指数先行系列個別指標（年平均）

項目	生産財生産指数（季調値）H22=100 L1	鉱工業製品在庫率指数（季調値）H22=100 L2	新設住宅着工戸数 L3	新規求人数（常用）L4	新車新規登録台数 L5	企業倒産件数 L6	日経商品指数（42種）L7
1990年	91.7	95.2	5,377.5	17,110.9	18,967.3	14.8	
1991年 山	93.4	104.2	4,317.6	16,527.6	18,106.0	29.8	
1992年	88.1	115.0	4,351.7	13,517.8	16,821.3	42.6	
1993年 谷	84.1	117.2	4,930.4	11,325.3	15,655.5	52.6	
1994年	85.4	113.0	5,792.8	10,759.8	15,951.5	55.3	
1995年	86.0	109.4	8,274.6	13,267.6	16,537.4	39.8	
1996年	86.8	97.6	10,955.4	13,948.9	17,914.8	40.2	
1997年 山	92.3	97.7	7,320.3	13,460.3	16,680.3	51.6	
1998年	85.4	106.6	4,797.7	11,026.8	14,119.0	65.4	
1999年 谷	85.5	103.9	4,472.1	10,381.3	12,868.0	52.7	
2000年 山	91.1	99.1	4,302.9	12,189.6	13,126.2	62.9	
2001年 谷	85.7	114.8	3,998.9	12,478.3	13,194.4	67.9	
2002年	90.7	107.7	3,627.1	11,951.3	12,779.9	62.3	
2003年	90.5	98.7	3,521.7	14,031.0	12,815.7	56.5	
2004年	95.1	91.0	3,815.6	16,591.9	13,518.6	55.3	105.5
2005年	98.2	94.3	3,702.3	18,659.8	13,455.2	54.1	109.3
2006年	103.5	93.0	4,387.2	19,995.3	12,782.6	50.3	130.0
2007年 山	106.7	94.8	3,373.8	18,731.9	11,486.8	59.3	146.1
2008年	107.5	99.4	3,454.2	14,733.6	10,714.3	62.3	158.4
2009年 谷	83.7	136.6	2,607.5	11,166.9	10,058.7	62.6	116.6
2010年	100.4	99.6	2,896.3	11,686.6	10,952.6	60.8	135.1
2011年 山	103.7	103.1	2,707.1	12,621.9	8,980.9	52.2	147.9
2012年	96.3	365.6	2,807.9	13,492.2	11,131.8	51.9	136.1
2013年 谷	95.6	144.8	3,006.3	13,987.1	10,865.4	44.7	147.5
2014年	95.7	126.0	2,860.2	14,867.8	10,826.3	43.1	153.1
2015年	94.0	112.8	2,724.7	15,145.3	10,479.1	41.6	137.3
2016年	94.6	119.5	2,852.0	15,705.7	10,865.7	36.2	124.6

3-4　個別指標（一致系列）の概要

兵庫県景気動向指数の一致系列個別指標の概要は次のとおりである。

C1　鉱工業生産指数（生産・出荷）

　生産活動を示す代表的な指標である。鉱工業製品について月々の品目別生産量を調査し，これらのデータを用いて指数化したものである。鉱工業は兵庫県内総生産の約3割を占め，卸売・小売業，運輸業など販売や流通関連産業と密接な関連がある。鉱工業生産指数は景気変動にほぼ一致し，GDPの動きにも近い。

C2　大口電力消費量（生産・出荷）

　産業の生産活動における生産要素の1つであるエネルギー面の投入量を示す指標である。特に大規模工場で使用される大口電力は製造業の生産活動を見る上で重要であり循環変動も明瞭である。生産活動に対応して増減するため，景気にほぼ一致して動く。なお，電力自由化に伴い，2016年3月分をもって公表が終了した。兵庫県では資源エネルギー庁電力調査統計データへの切り替えを検討している。

C3　着工建築物床面積（全建築物）（投資）

　建築物の動向を着工ベースで把握する投資関連の指標である。産業全体の設備投資を捉える商工サービス用の床面積と住宅投資の動向を表す居住専用の床面積とを含んだ全建築物床面積合計値を用いる。産業の設備投資（建設）を示す。進捗ベースの設備投資が景気に若干遅行するのに対し，この指標は着工ベースのため景気にほぼ一致して動く。

C4　機械工業生産指数（投資）

　設備投資の代理変数としての指標である。景気回復が進むと企業の設備投資による機械受注・生産が活発化する。逆に景気後退が本格化すると企業の設備投資意欲が減退し機械受注・生産が減少する。景気にほぼ一致して動く。

C5　所定外労働時間指数（全産業）（労働・賃金）

残業・早出等の超過勤務時間で労働時間の限界的部分を示す。景気がよくなると，生産活動が活発化し残業時間の増加で対応することから景気に敏感に反応する。最近は先行性が薄れ景気に一致して動く。

C6　有効求人倍率（労働・賃金）

有効求人数／有効求職者数の比率により労働需給の状況を示す代表的な指標である。有効求人数（分子）は景気の山に対してやや先行し，谷に対してはほぼ一致して動く傾向がある。有効求職者数（分母）は逆サイクルでみて，景気の山に対してはほぼ一致して動き，谷に対しては遅行する傾向がある。この両者の比率をとった有効求人倍率では山に対する先行期間，谷に対する遅行期間がいずれも短くなり景気の山・谷に対してほぼ一致して動く。

C7　実質百貨店販売額（消費・家計）

百貨店販売額は選択的な消費支出（特に衣料品）の割合が高いことおよび法人需要があることなどから家計消費支出全体が景気に遅行するのに対し景気にほぼ一致して動く。物価の影響を取り除くため消費者物価指数で除することにより実質値化した。近年は下方トレンドであり，新規出店の影響によるブレが大きい。

C8　企業収益率（製造業）（企業経営）

ミクロ景気の代表的指標である企業収益の動向を月次で把握した既存指標が乏しいため，企業売上高（生産指数 × 企業物価指数）をコストの主要部分である人件費（定期給与指数 × 常用雇用指数）で除した指標である。企業収益の代理変数としてしばしば用いられ，景気とほぼ一致して動く。

C9　輸入通関実績（貿易）

生産活動が活発になると海外への依存度が高い原燃料等の消費量が増え，消

費や投資などの増大に応じて，海外の部品や最終製品の輸入が増加する。景気にほぼ一致して動く。このほかの指標は，図表6-2，図表6-3参照。

図表6-2 兵庫県景気動向指数一致系列個別指標（年平均）

項目	鉱工業生産指数 H22=100	大口電力消費量	着工建築物床面積（全建築物）	機械工業生産指数 H22=100	所定外労働時間指数（全産業）H22=100	有効求人倍率	実質百貨店販売額	企業収益率（製造業）	輸入通関実績（年1回確）
	C1	C2	C3	C4	C5	C6	C7	C8	C9
1990年	107.2	1,291,115	1,002,664	78.0	151.9	1.09	384,550	0.931	265,513
1991年 山	107.6	1,307,541	866,549	79.0	144.1	1.06	398,161	0.907	259,172
1992年	99.2	1,273,495	867,236	69.0	125.5	0.78	389,219	0.810	243,605
1993年 谷	93.8	1,263,955	798,695	65.1	104.4	0.54	382,039	0.768	220,382
1994年	94.9	1,279,009	822,649	66.8	100.6	0.45	383,368	0.770	233,609
1995年	93.1	1,277,849	1,068,736	73.3	101.9	0.48	303,358	0.753	150,542
1996年	98.6	1,272,998	1,359,198	78.0	112.3	0.61	335,192	0.792	233,860
1997年 山	106.4	1,285,657	1,093,188	92.6	114.1	0.58	346,078	0.862	248,663
1998年	100.5	1,228,704	739,780	101.5	101.6	0.39	330,382	0.819	223,140
1999年 谷	98.8	3,712,362	688,088	98.3	99.9	0.35	322,707	0.809	194,874
2000年 山	101.4	3,792,532	694,456	96.5	99.2	0.43	317,868	0.831	200,231
2001年 谷	93.5	3,640,370	636,766	82.3	98.6	0.45	308,337	0.773	202,193
2002年	94.3	3,576,634	579,969	80.7	87.1	0.42	308,427	0.838	202,437
2003年	101.8	3,545,586	579,987	91.9	91.2	0.52	299,306	0.962	199,808
2004年	105.4	3,650,301	656,370	99.1	98.2	0.69	288,170	0.949	216,836
2005年	107.8	3,656,377	635,775	109.0	102.2	0.83	283,563	0.986	242,352
2006年	117.5	3,786,668	679,090	129.0	106.0	0.94	280,803	1.113	270,977
2007年 山	116.8	3,860,476	612,107	127.5	110.4	0.94	264,429	1.079	301,721
2008年	109.7	3,940,679	558,915	112.3	110.1	0.78	252,924	1.065	329,876
2009年 谷	89.8	3,443,981	379,954	85.9	94.4	0.47	242,248	0.886	230,791
2010年	100.2	3,886,937	402,880	100.0	100.0	0.49	239,337	1.000	254,202
2011年 山	105.4	3,935,271	412,534	110.8	98.5	0.59	235,589	1.042	293,658
2012年	100.1	3,736,375	437,800	103.7	94.9	0.68	231,367	0.978	288,804
2013年 谷	97.0	3,638,470	440,201	95.6	97.4	0.75	228,324	0.952	325,782
2014年	99.4	3,581,176	448,608	98.6	103.3	0.89	227,324	0.999	351,938
2015年	100.0	3,420,037	406,021	101.9	101.0	0.99	224,002	0.988	344,791
2016年	98.7	3,226,490	379,852	102.2	97.3	1.13	216,485	0.930	295,124

第 6 章 景気指標から見た兵庫県経済の現況と指標利用上の課題 123

図表6-3 兵庫県景気動向指数採用指標

	記号	系列名	比較方法	逆サイクル	分野
先行指数	L1	生産財生産指数	季節調整		生産・出荷
	L2	鉱工業製品在庫率指数	季節調整	※	在庫
	L3	着工新設住宅戸数	季節調整		投資
	L4	新規求人数	季節調整		労働・賃金
	L5	新車新規登録台数	季節調整		消費・家計
	L6	企業倒産件数	季節調整	※	企業経営
	L7	日経商品指数（17種）	前年同月比		物価
一致指数	C1	鉱工業生産指数	季節調整		生産・出荷
	C2	大口電力消費量	季節調整		生産・出荷
	C3	着工建築物床面積	季節調整		投資
	C4	機械工業生産指数	季節調整		投資
	C5	所定外労働時間指数（全産業）	季節調整		労働・賃金
	C6	有効求人倍率	季節調整		労働・賃金
	C7	実質百貨店販売額	季節調整		消費・家計
	C8	企業収益率（製造業）	季節調整		企業経営
	C9	輸入通関実績	季節調整		貿易
遅行指数	Lg1	鉱工業在庫指数	季節調整		在庫
	Lg2	普通営業倉庫保管残高	季節調整		在庫
	Lg3	資本財出荷指数	季節調整		投資
	Lg4	常用雇用指数（全産業）	季節調整		労働・賃金
	Lg5	雇用保険受給者実人員	季節調整	※	労働・賃金
	Lg6	家計消費支出（神戸市）	前年同月比		消費・家計
	Lg7	法人事業税調停額	季節調整		企業経営
	Lg8	銀行貸出約定平均金利	原形列		金融
	Lg9	消費者物価指数（総合）	前年同月比		物価

※ 逆サイクル：上昇，下降が景気局面とは反対になる。

3-5 暫定景気基準日付の設定

　数多く採用した基礎データのうち，循環変動を示しているものからDIの採用系列候補を選定する場合，その循環変動は景気変動に対応したものか，景気変動に対応したものの場合，景気とのタイミングから先行・一致・遅行のいずれのグループに分類されるかを検討する。この判断を下す場合，あらかじめ目安として景気の転換点（山・谷）が「暫定景気基準日付」を設定する。

国(内閣府)が採用している景気動向指数の景気転換点の設定方法に準じて景気基準日付を設定した。景気動向指数一致指数から累積指数(ヒストリカルDI)を作成する。この累積指数が次の基準に合致した場合,景気基準日付を設定する。景気の山は,景気転換点判断基準(50%ライン)を上から下に切る直前の月で,景気の谷は,景気転換点判断基準(50%ライン)を下から上に切る直前の月である。景気循環日付はマクロ経済分析で重要な役割を果たしている。一致系列の各系列の個別循環日付を利用して作成するヒストリカルDIが概ね決定される。兵庫県では,ヒストリカルDIで決まった日付をGDP,日銀短観などの経済関係指標の動向と比較して確認し,専門家による意見を参考にして決める。兵庫県景気動向懇話会は,兵庫県景気動向指数の精度の維持・向上を図るとともに,県内経済動向を的確に把握することを目的とし,1997年度から開催されている。大学教授,金融機関等の実務者5名で構成され,年1回開催している。兵庫県では,直近の経済循環(第15循環)は,2011年2月が景気の山,2013年2月が景気の谷を2016年2月26日の兵庫県景気動向検討会での意見に従い設定した。(図表6-4)

図表6-4 景気基準日付(兵庫県・全国)

景気循環	兵庫県						全国					
	谷	山	谷	期間			谷	山	谷	期間		
				拡張	後退	全循環				拡張	後退	全循環
第6循環	1965年12月	1970年9月	1972年1月	57ヵ月	16ヵ月	73ヵ月	1965年10月	1970年7月	1971年12月	57ヵ月	17ヵ月	74ヵ月
第7循環	1972年1月	1973年11月	1975年7月	22ヵ月	20ヵ月	42ヵ月	1971年12月	1973年11月	1975年3月	23ヵ月	16ヵ月	39ヵ月
第8循環	1975年7月	1976年12月	1978年2月	17ヵ月	14ヵ月	31ヵ月	1975年3月	1977年1月	1977年10月	22ヵ月	9ヵ月	31ヵ月
第9循環	1978年2月	1980年5月	1983年5月	27ヵ月	36ヵ月	63ヵ月	1977年10月	1980年2月	1983年2月	28ヵ月	36ヵ月	64ヵ月
第10循環	1983年5月	1985年4月	1986年11月	23ヵ月	19ヵ月	42ヵ月	1983年2月	1985年6月	1986年11月	28ヵ月	17ヵ月	45ヵ月
第11循環	1986年11月	1991年3月	1993年10月	52ヵ月	31ヵ月	83ヵ月	1986年11月	1991年2月	1993年10月	51ヵ月	32ヵ月	83ヵ月
第12循環	1993年10月	1997年4月	1999年5月	42ヵ月	25ヵ月	67ヵ月	1993年10月	1997年5月	1999年1月	43ヵ月	20ヵ月	63ヵ月
第13循環	1999年5月	2000年7月	2001年12月	14ヵ月	17ヵ月	31ヵ月	1999年1月	2000年11月	2002年1月	22ヵ月	14ヵ月	36ヵ月
第14循環	2001年12月	2007年7月	2009年3月	67ヵ月	20ヵ月	87ヵ月	2002年1月	2008年2月	2009年3月	73ヵ月	13ヵ月	86ヵ月
第15循環	2009年3月	2011年2月	2013年2月	23ヵ月	24ヵ月	47ヵ月	2009年3月	2012年3月	2012年11月	36ヵ月	8ヵ月	44ヵ月

(出所)兵庫県「兵庫県景気動向指数」,内閣府「景気動向指数」

3-6 ヒストリカル DI 設定方法

代表的な一致系列と思われる指標についてヒストリカル DI（HDI：Historical Diffusion Index）を作成する。HDI は，個々のデータごとに循環変動の転換点（山・谷）を決定し，山から谷までの期間はすべて下降（マイナス），また逆に谷から山までの期間はすべて上昇（プラス）とみなし，月々の変化方向を与えた上で，DI の作成方法と同様に計算したものである。HDI が50％ラインを下から上に切る直前の月が「景気の谷」，同じく上から下へ切る直前の月が「景気の山」であると暫定的に判断される。主要経済指標の動向，実態経済の動向を含めて検討する。HDI の作成方法は次のとおりである。

$$\mathrm{HDI} = \frac{上昇（プラス）を示す個別指数の数}{一致系列の個別指数} \times 100(\%)$$

累積景気動向指数（ヒストリカル DI）：カレント DI の月々の値を累積したもので，山谷がそのまま景気の山・谷に概ね対応するなど転換点を視覚的にとらえやすい。

$$(累積 \mathrm{DI})_t = (累積 \mathrm{DI})_{t-1} + (\mathrm{DI}_t - 50)$$

兵庫県累積 DI 指数の推移は次のとおり（図表6-5）。

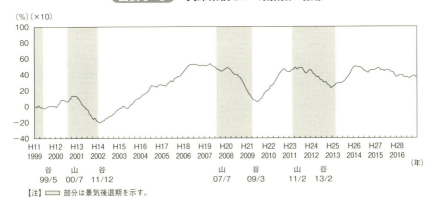

図表6-5　兵庫累積 DI 一致指数の推移

【注】▨ 部分は景気後退期を示す。

3-7 特殊循環日付の設定

　HDIの作成に当たって代表的な一致系列と思われる個別指標についての方向転換点（特殊循環日付）を設定する。これは移動平均をかけるなど個別データの傾向的な循環変動を念頭におき，全米経済研究所（NBER）で開発されたブライ・ボッシャン法（Bry-Boschan法）により，最終的には目視により転換点（山・谷）を決定する。ブライ・ボッシャン法の考え方は次のとおりである。原則として循環変動の最高点と最低点をそれぞれ山・谷とし山・谷は交互に抽出する。原則として谷―谷（山―山）は15ヵ月以上，山―谷（谷―山）は5ヵ月以上とする。等しい値を続けてとる場合は最後の月とする。また，同じ高さ（低さ）の山（谷）が近くにある場合も最後の山（谷）とする。トレンドが強く，循環変動が明瞭に表れてこない場合には，変化率（傾き）が大きく変わった時点を転換点とすることもある。系列データの開始および最終時点の6ヵ月以内は転換点をつけない。

　最終的な「景気基準日付」（景気の山・谷）は，一致系列によるHDIの動きを基礎（「暫定景気基準日付」を中心）とし，次の要素を加味して総合的に判断する。

　主な判断要素は，地域DI一致指数の動きで概ね3ヵ月程度の動き，DI採用系列以外の主要経済指標の動き，たとえば，県内ＧＤＰや日本銀行「企業短期経済観測調査」などであり，景気観測・経済分析などの専門家の意見などである。景気動向指数の採用指標の中には，速報値から確報値までに日時を要するものがあり，採用系列に事前処理を行う季節調整値は新たなデータ追加で毎年更新される。「景気の山・谷」はこのような採用系列から構成されるDIの動向などにより，総合的に判断されるため，判定結果が出るのは個別指標のデータが出そろう「山・谷」から1～2年後となる。

4 兵庫県景気動向指数の推移

4-1 第11～第15循環(景気拡張局面)の概要 (図表6-6, 図表6-7)

　兵庫県では，第6循環以降，景気基準日付を設定している。1980年以降で景気循環の推移を見ると，第11循環では，平成バブル景気で，雇用者報酬，消費支出，設備投資が比較的高い伸びが見られる。第12循環では，阪神・淡路大震災の復興需要景気で設備投資は堅調，消費は横ばいである。第13循環では，IT景気により雇用者報酬は堅調，消費，設備投資は横ばいである。第14循環では，円安による輸出拡大で，設備投資は堅調，雇用者報酬，消費は横ばいである。第15循環では，金融危機 (2008年) の輸出の急速低下による反動増，消

図表6-6　景気拡張期間の兵庫県内総生産との比較

(単位：億円, %)

項目	年度	名目県内総生産 実数	年度平均増減率	実質県内総生産 実数	年度平均増減率	兵庫DI 景気拡張	拡張期間
第6循環 いざなぎ景気	1965年度 1970年度	14,848 33,393	17.6	53,856 90,330	10.9	1965年12月 1970年9月	57ヵ月
第11循環 平成バブル景気	1986年度 1990年度	132,696 186,166	7.0	148,792 196,358	5.7	1986年11月 1991年3月	52ヵ月
第12循環 震災復興需要等	1993年度 1996年度	209,664 226,171	2.6	194,617 208,396	2.3	1993年10月 1997年4月	42ヵ月
第13循環 IT景気	1999年度 2000年度	207,622 208,236	0.3	191,223 194,306	1.6	1999年5月 2000年7月	14ヵ月
第14循環 いざなみ景気	2001年度 2006年度	198,570 200,919	0.2	196,574 215,312	1.8	2001年12月 2007年7月	67ヵ月
第15循環 金融危機後の回復	2009年度 2010年度	183,949 193,351	2.5	191,417 207,076	4.0	2009年3月 2011年2月	23ヵ月

(出所) 兵庫県統計課「兵庫県民経済計算長期時系列」,「四半期別兵庫県内GDP速報」,「兵庫県景気動向指数」。

図表6-7 景気拡張期間の兵庫県内総生産主要項目との比較

(単位:億円,%)

項目		雇用者報酬(名目)		実質民間最終消費支出		実質民間企業設備	
	年度	実数	年度平均増減率	実数	年度平均増減率	実数	年度平均増減率
第6循環 いざなぎ景気	1965年度 1970年度	12,386 25,193	15.3	30,794 48,558	9.5	5,544 14,276	20.8
第11循環 平成バブル景気	1986年度 1990年度	117,968 149,374	4.8	91,008 99,409	1.8	22,680 34,325	8.6
第12循環 震災復興需要等	1993年度 1996年度	145,411 172,131	5.8	104,747 104,118	▲0.2	28,132 34,031	6.6
第13循環 IT景気	1999年度 2000年度	153,543 162,634	5.9	104,694 104,885	0.2	25,909 26,010	0.4
第14循環 いざなみ景気	2001年度 2006年度	164,637 164,681	0.0	107,297 112,286	0.9	25,328 31,176	4.2
第15循環 金融危機後の回復	2009年度 2010年度	146,519 152,764	2.1	119,779 122,536	1.1	28,439 28,738	0.5

(出所) 兵庫県統計課「兵庫県民経済計算長期時系列」,「四半期別兵庫県内GDP速報」,「兵庫県景気動向指数」。

費,投資は横ばいである。

4-2 景気総合指数による県経済の概況

　DIは景気の動いている方向(上向きか,下向きか)を示すが,景気の勢い・強弱はわからないという欠点がある。たとえば,DIは各採用系列がすべて同じウェイトで計算されるという本質的な特徴があるため,緩やかな景気拡張(収縮)局面では個別系列も少しずつ上昇(下降)を示すが,それが短期間に多くの経済分野でみられるとDIの値は急上昇(急下降)し,緩やかな景気拡大(縮小)という実態を大きくかけ離れたものとなる。これを補うため景気の方向のほか景気変動の相対的大きさやテンポ(量感)を測定することを目的としてDIの採用系列の変化率を合成した景気総合指数(CI)を作成している。

　景気変動の相対的大きさやテンポを表す指標で,各採用系列の前月比で変化

率に着目し1つの指数に合成したものである。一致指数が増加している時が景気拡大局面、減少しているときが後退局面である。CIの変化率は付加価値で測った実態的な意味を持つものではない。

兵庫CIと全国CIの動きは次のとおりである。

第15循環（景気の谷、2013年2月）後の推移を見ると、先行指数は、2014年以降、低下傾向にあったが、2016年以降上昇に転じた（**図表6-8**）。

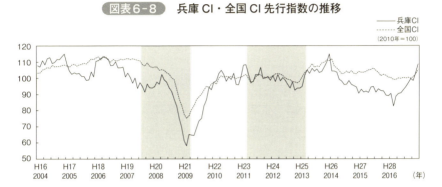

図表6-8 兵庫CI・全国CI 先行指数の推移

一致指数は、2014年以降、横ばいに推移していたが、2016年に入り、やや低下傾向にある（**図表6-9**）。

図表6-9 兵庫CI・全国CI 一致指数の推移

遅行指数は、2014年以降、横ばいに推移していたが、2015年以降やや低下傾向にある（**図表6-10**）。

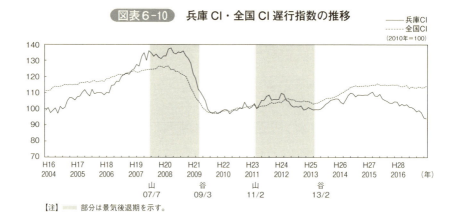

図表6-10 兵庫CI・全国CI遅行指数の推移

【注】 部分は景気後退期を示す。

　CIは各系列の指標の変化率を，平均，標準偏差を使い標準化，合成，累積することにより算定される。基調判断では，CI一致指数前月差は一時的要因に左右され安定しないため，内閣府の基準に準じ，判断する。3ヵ月移動平均前月差は，足下の基調の確認，7ヵ月移動平均前月差は基調判断の確認に用いる。基調判断は，①明確（改善，悪化），②変化（弱含み・下げ止まり，局面変化），③不明確（基調判断は変えず，横ばい：一進一退）である。ただし，当月ＣＩの変化方向（前月差の符号）が基調と異なるときは，基調判断は変えない。

　基調判断の推移を見ると，2011年は，足踏み→改善（7ヵ月）→足踏み，2012年は，足踏み（7ヵ月）→下方への局面変化→悪化，2013年は，悪化→下げ止まり→改善（6ヵ月），2014年は，改善→足踏み→改善（計7ヵ月），2015年は，改善→足踏み（6ヵ月）→悪化，2016年は，悪化である（**図表6-11**）。

　DIもCIも採用系列の動きを代表する景気動向の中心値を取り出す計算値である。DIは，経済各分野別の浸透度や景気の広がりを表現している，採用個別指標について製造業系列への偏りがみられ，量感が表せない。CIは景気循環パフォーマンスが改善しないわりに外れ値に弱く安定した統計が得にくく，量感が表せる指標であるが外れ値に弱い。DIは3ヵ月前差をとることにより指標は安定しているが，CIは前期比で比較するため月次の動きは不安定である場合が多い。

第 6 章 景気指標から見た兵庫県経済の現況と指標利用上の課題

図表6-11 基調判断の推移

年月		1月	2月	3月	4月	5月	6月	7月	8月	9月	10月	11月	12月
2011年	県	足踏み	改善	改善	改善	改善	改善	改善	改善	足踏み	足踏み	足踏み	足踏み
	全国	−	改善	下方への局面変化	下方への局面変化	下方への局面変化	下げ止まり	下げ止まり	下げ止まり	下げ止まり	下げ止まり	下げ止まり	上方への局面変化
2012年	県	足踏み	足踏み	足踏み	足踏み	足踏み	足踏み	足踏み	下方への局面変化	下方への局面変化	下方への局面変化	下方への局面変化	悪化
	全国	上方への局面変化	改善	改善	改善	改善	足踏み	足踏み	足踏み	下方への局面変化	悪化	悪化	悪化
2013年	県	悪化	下げ止まり	下げ止まり	下げ止まり	上方への局面変化	改善	改善	改善	改善	改善	改善	改善
	全国	悪化	下げ止まり	下げ止まり	下げ止まり	上方への局面変化	上方への局面変化	改善	改善	改善	改善	改善	改善
2014年	県	改善	改善	改善	改善	改善	足踏み	足踏み	足踏み	足踏み	足踏み	足踏み	改善
	全国	改善	改善	改善	足踏み	足踏み	足踏み	下方への局面変化	下方への局面変化	下方への局面変化	下方への局面変化	下方への局面変化	改善
2015年	県	改善	改善	足踏み	足踏み	足踏み	足踏み	足踏み	足踏み	足踏み	下方への局面変化	下方への局面変化	悪化
	全国	改善	改善	改善	改善	足踏み	足踏み	足踏み	足踏み	足踏み	足踏み	足踏み	足踏み
2016年	県	悪化	悪化	悪化	悪化	悪化	悪化	悪化	悪化	悪化	悪化		
	全国	足踏み	足踏み	足踏み	足踏み	足踏み	足踏み	足踏み	足踏み	改善	改善	改善	

(注) 兵庫県：実際に公表したもの（2013年8月以降は新ＣＩによる），全国：速報からの改定時のもの

5 景気先行指数の作成と県経済の概況

5-1 兵庫CLI作成方法の概略

地域ごとの景気変動パターンの独自性が注目され，地域においても他地域との景気変動パターンの違いを把握することが重要である。地域の景気動向を的確・早期に把握するため，地域版CLI（Composite Leading Indicators：景気先行

指数，以下 CLI という）を作成した。景気トレンドに連動する地域経済指標を合成し，指数化する。変動の大きさや方向性を測定し，景気の転換点について早期に提供する。基調判断情報としてトレンド（上昇，横ばい，低下等の方向性）や変動幅の情報を提供する。

CLI は，景気転換について早期のシグナルを与えるように設計されている。生産の初期段階を計測し，経済活動の変化に迅速に反応し，将来の活動に関する期待に感応的であると考えられることから，景気動向に先立った情報は，政策立案に有効であると考えられる。

CLI 作成方法は，データ読み込みでは景気動向指数の月次個別指標データを収集し，エクセルデータ形式で処理する。次にデータ変換は，月次，四半期次の期種変換，加算式または乗算式での季節調整，一定比率のもとでの外れ値の設定などを行う。その後，トレンド除去と平滑化を行う。指定系列の集計では，採用する系列を指定し，ウェイトを変更しながら個別 CLI を合成する。最後に，景気の転換点を検出する。これは，ブライ・ボッシャン法を用いて指定された系列の転換点を求め，参照系列と比較する。次に景気転換点（景気基準日付）を設定する。ソフトウエアは CACIS（Cyclical Analysis and Composite Indicators System）を利用する。これにより月次で景気の基調判断情報を提供する。個別指標があれば他地域 CLI との比較ができる。

CLI 精度向上に向けての課題として，選択する変数の組合せ，特に，特定業種の指標を用いることで先行性を高める。景気の山と谷での動きの違いを特徴付ける変数選択を検討する。個別指標の課題は，見直し後の指標のデータをどこまで遡って入手できるか。どこまで遡及するのか，どの時点から見直し後の指標のデータを入力するかなどがある。採用系列の見直しで遡及改定すると確定済みの景気基準日付が変わる可能性がある。指数公表開始当初まで遡れない場合は，入替前の指標との断層をどう処理するかなどがあげられる。

2016年12月の兵庫 CLI（景気先行指数，2017年2月公表）は，101.14で前月差0.25ポイントとなり，前年同月比も7ヵ月連続で上昇した。総じてみると，兵庫県の先行トレンド（2017年2月～3月頃）は，「改善」を示している。「改善」

は，2016年5月以降，8ヵ月連続である。直近の景気の山は，2013年12月，景気の谷は2016年2月に設定された（図表6-12，図表6-13）。

図表6-12 兵庫CLIの概況

2010年＝100

項目	指数	前年同月比	前月差	基調判断	直近の景気の山・谷	
					山	谷
2016年11月	100.89	0.25	1.40	改善	2013年12月	2016年2月
2016年12月	101.14	0.25	1.80	改善		

全国CLI（OECD公表値）　　2010年＝100

| 2016年12月 | 100.10 | 0.13 | 0.20 | － | 2013年11月 | 2016年6月 |

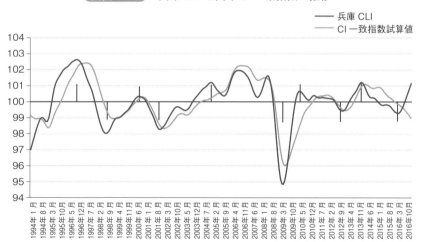

図表6-13 兵庫CLIと兵庫CI一致指数の推移

第11循環から第15循環（直近）までの景気循環の景気基準日付は次のとおり（図表6-14）。

図表6-14 景気基準日付比較表（1990年1月～）

景気循環		景気基準日付	兵庫CLI	備考
第11循環	山	1991年11月		バブル景気
	谷	1993年10月		バブル景気崩壊
第12循環	山	1997年4月	1996年10月	震災復興需要
	谷	1999年5月	1998年8月	
第13循環	山	2000年7月	2000年8月	IT景気
	谷	2001年12月	2001年11月	ITバブル崩壊
第14循環	山	2007年7月	2004年11月	
	谷	2009年3月	2009年4月	リーマンショック
第15循環	山	2011年2月	2010年4月	
	谷	2013年2月	2012年10月	東日本大震災
第16循環	山	－	2013年12月	
	谷	－	2016年2月	

（出所）兵庫県統計課「兵庫県景気動向指数」。

　兵庫CLIと兵庫CIの景気基準日付の比較は次のとおり。開差月は，概ね1～3ヵ月となっている（**図表6-15**）。

　兵庫CLIの個別指標ごとに見ると，先行月数では平均3.43月であり，ピークで見ると概ね3ヵ月である。推計に用いた個別指標は，鉱工業製品在庫率指数，新規求人数（常用），企業倒産件数である（**図表6-16**）。

　2013年12月（直近の景気の山）以降の兵庫CLIの月次の動きは次のとおりである（**図表6-17**）。2014年から2015年まで悪化が続いていたが，2016年2月（景気の谷）の後，改善傾向にある。

第 6 章　景気指標から見た兵庫県経済の現況と指標利用上の課題

図表6-15　兵庫 CLI と兵庫 CI 比較

兵庫 CLI				兵庫 CI[※]			開差月
景気循環		景気基準日付	実数	景気循環		景気基準日付	
				谷	T	1995年2月	m
山	P	1996年10月	102.62	山	P	1997年5月	7
谷	T	1998年8月	98.01	谷	T	1999年1月	5
山	P	2000年8月	100.34	山	P	2000年10月	2
谷	T	2001年11月	98.26	谷	T	2002年2月	3
山	P	2004年11月	101.20				x
				山	P	2006年9月	m
谷	T	2009年4月	94.85	谷	T	2009年5月	1
山	P	2010年4月	100.66				x
				山	P	2011年12月	m
谷	T	2012年10月	99.43	谷	T	2012年12月	2
山	P	2013年12月	101.22	山	P	2014年3月	3
谷	T	2016年2月	99.28				p

(注) 兵庫 CI[※]：兵庫 CLI 作成個別指標で作成，兵庫県作成 CI とは異なる。

図表6-16　兵庫 CLI 個別指標の推計検討概要

系列名		景気の山・谷			先行月数			ピーク	
		ターゲット	見過ごし	過剰	平均	標準偏差	メジアン	月数	相関係数
景気動向指数	CI	10	0	0	0.00	0.00	0	0	1.000
生産財生産指数（季調値）	L1	9	1	4	2.62	2.34	2	1	0.756
鉱工業製品在庫率指数	L2	9	2	3	3.57	3.85	4	3	0.728
着工新設住宅戸数	L3	9	4	2	3.20	4.45	3	4	0.636
新規求人数（常用）	L4	10	2	0	▲0.25	2.63	0	2	0.871
新車新規登録台数	L5	9	3	3	0.14	3.44	0	6	0.549
企業倒産件数	L6	10	1	3	6.75	4.68	6	13	0.635
日経商品指数（17種）	L7	9	1	3	4.38	4.82	4	3	0.624
CLI		9	2	2	3.43	2.19	3	3	0.877

(注) <tentative1234567> 採用個別指標：鉱工業製品在庫率指数（L2），新規求人数（常用）（L4），企業倒産件数（L6）。

図表6-17 兵庫CLI推計結果（2012年9月〜16年12月）（2010年＝100）

年月	兵庫CLI指数	前月差	前年同月比	3ヵ月後方移動平均	前月差	7ヵ月後方移動平均	前月差	基調判断	景気の山・谷状況
2012-09	99.48	▲0.08	▲0.8	99.58	▲0.13	99.85	▲0.10	悪化	―
2012-10	99.43	▲0.04	▲0.8	99.49	▲0.09	99.74	▲0.11	悪化	谷
2012-11	99.43	0.00	▲0.8	99.45	▲0.04	99.64	▲0.10	悪化	―
2012-12	99.49	0.05	▲0.7	99.45	0.00	99.56	▲0.08	悪化※	―
2013-01	99.60	0.12	▲0.6	99.51	0.06	99.53	▲0.04	悪化※	―
2013-02	99.77	0.17	▲0.4	99.62	0.11	99.54	0.01	改善	―
2013-03	99.95	0.18	▲0.2	99.78	0.15	99.59	0.06	改善	―
2013-04	100.11	0.16	0.0	99.95	0.17	99.69	0.09	改善	―
2013-05	100.26	0.14	0.2	100.11	0.16	99.80	0.12	改善	―
2013-06	100.39	0.13	0.5	100.25	0.15	99.94	0.14	改善	―
2013-07	100.50	0.11	0.8	100.38	0.13	100.08	0.14	改善	―
2013-08	100.62	0.12	1.1	100.50	0.12	100.23	0.14	改善	―
2013-09	100.77	0.15	1.3	100.63	0.13	100.37	0.14	改善	―
2013-10	100.95	0.18	1.5	100.78	0.15	100.51	0.14	改善	―
2013-11	101.12	0.17	1.7	100.95	0.17	100.66	0.14	改善	―
2013-12	101.22	0.09	1.7	101.10	0.15	100.80	0.14	改善	山
2014-01	101.18	▲0.04	1.6	101.17	0.08	100.91	0.11	改善	―
2014-02	101.04	▲0.14	1.3	101.14	▲0.03	100.98	0.08	改善※	―
2014-03	100.84	▲0.20	0.9	101.02	▲0.13	101.02	0.03	改善※	―
2014-04	100.62	▲0.22	0.5	100.83	▲0.19	101.00	▲0.02	悪化	―
2014-05	100.43	▲0.19	0.2	100.63	▲0.20	100.92	▲0.07	悪化	―
2014-06	100.31	▲0.13	▲0.1	100.45	▲0.18	100.80	▲0.12	悪化	―
2014-07	100.26	▲0.05	▲0.2	100.33	▲0.12	100.67	▲0.14	悪化	―
2014-08	100.26	0.01	▲0.4	100.27	▲0.06	100.54	▲0.13	悪化	―
2014-09	100.24	▲0.02	▲0.5	100.25	▲0.02	100.42	▲0.11	悪化	―
2014-10	100.19	▲0.06	▲0.8	100.23	▲0.02	100.33	▲0.09	悪化	―
2014-11	100.10	▲0.09	▲1.0	100.18	▲0.06	100.26	▲0.07	悪化	―
2014-12	99.99	▲0.11	▲1.2	100.09	▲0.09	100.19	▲0.06	悪化	―
2015-01	99.90	▲0.09	▲1.3	99.99	▲0.10	100.13	▲0.06	悪化	―
2015-02	99.82	▲0.08	▲1.2	99.90	▲0.09	100.07	▲0.06	悪化	―
2015-03	99.79	▲0.03	▲1.0	99.83	▲0.07	100.00	▲0.07	悪化	―
2015-04	99.79	0.00	▲0.8	99.80	▲0.04	99.94	▲0.07	悪化	―
2015-05	99.81	0.02	▲0.6	99.80	▲0.00	99.88	▲0.05	悪化※	―
2015-06	99.82	0.01	▲0.5	99.81	0.01	99.84	▲0.04	悪化※	―
2015-07	99.80	▲0.02	▲0.5	99.81	0.00	99.82	▲0.03	改善	―

第 6 章 景気指標から見た兵庫県経済の現況と指標利用上の課題　137

年月	兵庫CLI指数	前月差	前年同月比	3ヵ月後方移動平均	前月差	7ヵ月後方移動平均	前月差	基調判断	景気の山・谷状況
2015-08	99.76	▲0.04	▲0.5	99.79	▲0.02	99.80	▲0.02	改善	—
2015-09	99.69	▲0.07	▲0.6	99.75	▲0.04	99.78	▲0.02	改善※	—
2015-10	99.59	▲0.10	▲0.6	99.68	▲0.07	99.75	▲0.03	改善※	—
2015-11	99.47	▲0.12	▲0.6	99.58	▲0.10	99.71	▲0.05	悪化	—
2015-12	99.37	▲0.10	▲0.6	99.48	▲0.11	99.64	▲0.06	悪化	—
2016-01	99.33	▲0.04	▲0.6	99.33	▲0.15	99.57	▲0.07	悪化	—
2016-02	99.27	▲0.06	▲0.6	99.27	▲0.06	99.50	▲0.08	悪化	谷
2016-03	99.29	0.02	▲0.5	99.29	0.02	99.43	▲0.07	悪化※	—
2016-04	99.38	0.09	▲0.4	99.38	0.09	99.39	▲0.04	悪化※	—
2016-05	99.52	0.14	▲0.3	99.52	0.14	99.38	▲0.01	改善	—
2016-06	99.70	0.18	▲0.1	99.70	0.18	99.41	0.03	改善	—
2016-07	99.93	0.22	0.1	99.93	0.22	99.49	0.08	改善	—
2016-08	100.17	0.24	0.4	100.17	0.24	99.61	0.12	改善	—
2016-09	100.41	0.24	0.7	100.41	0.24	99.77	0.16	改善	—
2016-10	100.64	0.23	1.1	100.64	0.23	99.96	0.19	改善	—
2016-11	100.89	0.25	1.4	100.89	0.25	100.18	0.22	改善	—
2016-12	101.14	0.25	1.8	101.89	1.00	100.41	0.23	改善	—

(注) 3ヵ月後方移動平均は，足元の基調確認，7ヵ月後方移動平均は基調判断に確認に利用する。

　兵庫CLIの基調判断区分は，原則として内閣府の区分に従い設定した。「改善」，「悪化」については弱い動きについて別途区分し，基調判断区分の右肩に※を付記して示した（**図表6-18**）。

図表6-18　兵庫CLI基調判断区分

基調判断	定　　　義
改善	景気拡張（上昇）局面
改善※	弱い景気拡張局面
──	横ばい局面（景気拡張でもなく後退でもない局面）
悪化※	弱い景気後退局面
悪化	景気後退（低下）局面

5-2　兵庫 CLI の作成上の課題

　OECD の作成方法で作成した CLI は，3 指標の個別採用指標で作成しているが，兵庫県景気動向指数と比べ推計に用いる指標は 3 つと少ない。近年の経済のサービス化など産業構造が変化していく中で，指標を安定的に維持していく工夫が必要であり，指標の選択が問題である。CLI では，景気循環が比較上，必要なデータは 2008 年から月次データである。ブライ・ボッシャン法で景気の山・谷を自動的につけることができるため，景気の山・谷情報が提供できる。

　兵庫 CLI は，鉱工業製品在庫率指数，新規求人倍率，企業倒産件数の 3 指標から作成しているが，候補となる兵庫 CI 先行系列個別指標は，データの制約から製造業等業種的な偏りがある。非製造業であるサービス業をみる場合，第 3 次産業の指標を加えることが考えられる。CLI の採用個別指標の 1 つである倒産件数は片利きの指標でいい時は動かず，悪い時は動く傾向にあり，景気の動きとのギャップを生むことがある。

　地域の景気分析のため，景気の先行性をみることができるが，異なる GRP の経済規模に合わせた合成指標を作成することが考えられる。CI と CLI では一部の個別指標が共通しているが，主な指標の利用目的が現状（CI 一致指数）と先行き（CLI）と異なる場合がある。

　CLI は，先行指数のため，成長循環を見ることが多いため，トレンドに着目した検討が重要である。個別指標の選択では，CI を作成するため概ね 20 年以上の長期のデータが必要である。CLI は，比較的最近のデータで作成することが可能で，幅広く個別指標を選択できる。成長循環から見た基調判断は，独自に考えるべきであるが，CLI 指数は，基準年を 100 として上昇したか，低下したで見る。CI と CLI の景気転換点のズレは，リーマンショック（2008 年 9 月）後の経済状況の変化やサービス産業化の進展などが考えられるが，CI は，製造業関連データのウェイトが高く，産業構造と採用指標とのずれが影響している。

　CLI は概ね 2～3 ヵ月先行性があり，景気に敏感である。兵庫県は 3 ヵ月

リードタイムが出ており，公的統計の地域版公表が概ね2ヵ月遅れの状況を考慮すると，CLIは，足元状況の判断に利用できる。指数データは，現在基準年（2010年）から遠ざかると上方バイアスがかかる傾向があり，2008年リーマンショックや2013年消費税増税の経済ショックなどの影響もあり，その頃と現在は経済や社会構造も変化している。現行の3つの個別指標に加え，追加の指標の検討や指標の入れ替え等の検討が必要であり，特にウェイトが高い第3次産業の新規求人数，第3次産業活動指数などサービス業の動きをとらえた個別指標の採用の検討が必要である。特に，兵庫県は県域が広いため，県北部や県南部など地域により産業構造や景況感も異なるため，県内で地域別指標が作成できると，より地域経済のシグナルが提供でき，活用が進むと考えられる。

6　おわりに—兵庫県における景気指標利用上の課題

6-1　個別指標の見直しと不規則変動

① 個別指標の見直し

　個別指標見直しでは，各系列において景気に対する反応が鈍くなった個別系列から敏感に反応する系列に入れ替える。先行指数，一致指数，遅行指数のリード・ラグの関係をより明確かつ安定的なものとする。経済の各分野から幅広く採用する。パフォーマンスとして相対的経済活動の変化方向を把握するように作成されている。構成指標の半分以上の指標の増加を示すDIの数値が50％以上にあれば景気は拡張局面であり，反対に50％以下であれば景気は後退局面にあることを示している。景気拡張局面でもすべての月において変化方向が増加を示すわけではなく，同様に後退局面でもすべての月において変化方向が減少を示すわけではない。中間の踊り場での足踏み現象や外的ショックにより一時的に変化方向が変わることがある。これは不規則変動として取り扱われ不規則変動の頻度がDIのパフォーマンスの正確性を示すものとして扱われる。

② 不規則変動

　景気拡張期に一時的に50％を下回る例では，冷夏や暖冬などの気候不順などにより季節商品が売れないと在庫は急増し出荷が滞るなど商業，物流，生産など経済の広い範囲に影響を及ぼす場合などがあげられる。

　景気後退期に一時的に50％を上回る例では，制度変更などを見越した駆け込み需要やオリンピックなどの大規模イベント開催に伴う需要の盛り上がりなど一時的な需要の盛り上がりで高額耐久消費財が普段より売れる場合1～2ヵ月後には基調に戻ることが多い。

　サービス業は生産と消費が同時に行われ在庫を持たないため製造業のような短期の景気循環が明瞭でないが，消費とその供給元であるサービス業の動向を見ることは重要である。製造業は山・谷が容易に判断できるが，非製造業は振幅が小さく山・谷が容易に判断できない。

　指標パフォーマンスの劣化，たとえば，小売業シェアが低下している百貨店販売額，省エネルギーの推進等の構造変化，たとえば，省エネルギーが進み経済活動との関連性が低下した大口電力使用量など，現行名目系列を実質化した系列と現行実質系列を名目化した系列であり，デフレの影響によりDIのパフォーマンスが悪くなっている。

　指数作成個別指標の課題について，見直し後の指標のデータをどこまで遡って入手できるか，どこまで遡及するのか，どの時点から見直し後の指標のデータを入力するか，採用系列の見直しで遡及改定すると確定済みの景気基準日付が変わる可能性がある。指数公表開始当初まで遡れない場合は，入替前の指標との断層をどうするかなどである。

　2015年9月から2016年9月までの兵庫CLIの改定状況は次のとおりである（図表6-19）。

　概ね▲0.32ポイント（2009年平均）から＋0.23ポイント（2013年平均）の改定となっている。これは，個別指標の改定や季節要素の改定などによると考えられる。

図表6-19 兵庫CLI推計結果の改定状況（2010年 =100）

年平均	2015.9	2015.10	2015.11	2015.12	2016.1	2016.2	2016.3	2016.4	2016.5	2016.6	2016.7	2016.8	2016.9	16.9-15.9
1994	98.40	98.40	98.38	98.37	98.36	98.35	98.35	98.35	98.35	98.35	98.33	98.33	98.34	▲0.06
1995	100.64	100.64	100.65	100.66	100.66	100.67	100.67	100.67	100.67	100.67	100.62	100.62	100.62	▲0.02
1996	102.26	102.26	102.29	102.29	102.31	102.31	102.32	102.32	102.32	102.32	102.38	102.38	102.38	0.11
1997	101.12	101.12	101.13	101.14	101.14	101.14	101.15	101.15	101.15	101.15	101.28	101.28	101.28	0.16
1998	98.57	98.57	98.55	98.55	98.54	98.53	98.53	98.53	98.53	98.53	98.44	98.45	98.45	▲0.12
1999	99.12	99.12	99.11	99.11	99.11	99.10	99.10	99.10	99.10	99.10	99.12	99.12	99.12	0.00
2000	100.07	100.07	100.07	100.06	100.07	100.06	100.06	100.06	100.06	100.06	100.12	100.12	100.12	0.05
2001	99.18	99.18	99.16	99.16	99.16	99.16	99.16	99.16	99.16	99.16	98.99	98.99	99.00	▲0.18
2002	99.23	99.23	99.22	99.22	99.22	99.21	99.21	99.21	99.21	99.21	99.15	99.15	99.16	▲0.08
2003	99.69	99.69	99.68	99.69	99.68	99.68	99.68	99.68	99.68	99.68	99.71	99.71	99.71	0.02
2004	100.75	100.75	100.75	100.75	100.76	100.75	100.76	100.76	100.76	100.76	100.83	100.84	100.84	0.09
2005	100.56	100.56	100.57	100.58	100.58	100.58	100.58	100.58	100.58	100.58	100.64	100.64	100.64	0.08
2006	101.61	101.61	101.63	101.64	101.65	101.65	101.66	101.66	101.66	101.66	101.75	101.75	101.75	0.14
2007	100.77	100.77	100.77	100.77	100.78	100.77	100.78	100.78	100.78	100.78	100.82	100.83	100.83	0.06
2008	100.17	100.17	100.17	100.16	100.16	100.16	100.16	100.16	100.16	100.16	100.16	100.16	100.16	▲0.01
2009	96.93	96.93	96.90	96.88	96.88	96.86	96.86	96.86	96.86	96.86	96.58	96.59	96.61	▲0.32
2010	100.40	100.40	100.39	100.38	100.39	100.38	100.38	100.38	100.38	100.38	100.35	100.36	100.37	▲0.03
2011	100.33	100.33	100.32	100.32	100.32	100.32	100.32	100.32	100.32	100.32	100.26	100.27	100.27	▲0.05
2012	99.61	99.61	99.61	99.61	99.61	99.61	99.61	99.61	99.61	99.61	99.78	99.79	99.80	0.18
2013	100.22	100.22	100.23	100.24	100.23	100.24	100.25	100.24	100.24	100.24	100.46	100.45	100.44	0.23
2014	100.53	100.53	100.57	100.59	100.58	100.64	100.62	100.62	100.62	100.62	100.53	100.49	100.47	▲0.05
2015	99.77	99.80	99.81	99.83	99.84	99.94	99.87	99.87	99.87	99.85	99.84	99.81	99.76	▲0.01
2016	—	—	—	—	99.79	99.36	99.68	99.66	99.77	99.78	99.75	99.79	99.85	

6-2 景気指標としての活用に向けて

　景気の拡張や後退局面を判断するため，経済指標基調判断は，需要，生産，雇用など主要項目の経済指標の数値変動を総合的に判断される。局面判断の課題は，個別指標の見直し，データ入手の状況である。産業の広がりの把握ができれば，局面判断材料となるが，数値変動が激しい系列は，判断を難しくする。原系列と移動平均系列の状況により基調判断材料になる。

　景気関連指数比較は，関連経済指標との比較，地域別比較である。指数の水準と方向性の図示化であり，景気天気図等のトレンド図示や寄与度計算などト

レンド要因分解である。

　景気関連指数の動向分析では，指数の改定と基調判断情報（横ばい，上昇，低下）の提供である。現在作成している現行指標である景気動向指数は2ヵ月前を説明する指標であり，景気先行指数は，足元（2～3ヵ月先）の経済情勢が説明可能である。景気関連指標として必要な情報として景気変動（符号の変化）や水準の把握（基準値100と比較），基調判断変更時点の明示や変動要因の分析情報の提供ができれば，景気先行指数は，シグナルの提供など景気指標として利用が進むと考えられる。

　経済統計，社会・県民生活統計に区分され，経済水準や生活，社会水準を明らかにすることができる。構造統計は詳細なデータから現状分析ができる。動態統計は，標本調査データをもとに時系列的なデータの動きや周期性をとらえることができる（**図表6-20**）。

　地域経済統計は，県民経済計算，地域産業連関表などのマクロ経済統計があり，経済全体の水準や動きをとらえることができる。これまで，各種経済統計データの共有化に重点がおかれ，ホームページ等での各種統計の時系列データを中心としたデータベースが構築されてきた。これらは，主として作成する側の考え方で設計されているため，分析技術とリンクした活用が遅れている。統計データの活用を進めるためには，統計分析技術の利用，普及を進めていくことが必要であるが，経済のサービス化や情報化の進展といった社会経済情勢の変化やそれに対応する政策ニーズが大きく変わりつつある中で時代にあった経済指標が求められている。

　統計データの公表は，出版物や電子媒体を活用し公表されているが，インターネット等の最新技術を活用し，より利用しやすいデータ提供が検討されている。今後は，統計を使った評価技術を共有化することにより統計の分析，利用の促進を図ることが必要である。

　地域における所得水準を政策目標とすると，その目標を達成するためにどの地域に，どの分野の産業を育成するかの優先順位を決定するための指標が地域経済指標である。

第 6 章 景気指標から見た兵庫県経済の現況と指標利用上の課題

図表6-20　地域経済統計整備状況と課題

区分	項目		国		兵庫県		推計レベル		
			作成機関	公表時期	名称	公表時期	公表	試算	未推計
地域マクロ経済動向	四半期別GDP速報(QE)	生産系列	内閣府	—	兵庫QE(供給側)	2004年度公表	○		
		分配系列	内閣府	1ヵ月半後	兵庫QE(雇用者報酬)	2010年度公表	○		
		支出系列	内閣府	1ヵ月半後	兵庫QE(需要側)	3ヵ月後	○		
	GDP確報(国・県民経済計算)	生産系列	内閣府	1年後	県民経済計算	1年6ヵ月後	○		
		分配系列	内閣府	1年後		1年6ヵ月後	○		
		支出系列	内閣府	1年後		1年6ヵ月後	○		
		生産系列			市町民経済計算	1年7ヵ月後	○		
		生産系列			(速報値)	9ヵ月後	○		
		分配系列			(確報値)	1年7ヵ月後	○		
		支出系列			(試算値)	HP公表	○		
	サテライト勘定		環境経済勘定	内閣府	2000年表	環境経済統合勘定	2003年度試算	○	
経済活動	全産業活動指数		経済産業省	2ヵ月後					○
	第3次産業活動指数		経済産業省	2ヵ月後					○
	鉱工業指数	速報	経済産業省	1ヵ月後	県鉱工業指数	1ヵ月20日	○		
		予測値	経済産業省	1ヵ月後	—	—			○
景気動向	景気動向指数(DI)		内閣府	1ヵ月後	兵庫DI	2ヵ月後	○		
	景気動向指数(CI)		内閣府	1ヵ月後	兵庫CI	2ヵ月後	○		
	景気ウォッチャー調査	景気判断DI	内閣府	毎月	—	—			○
		先行判断DI	内閣府	毎月	—	—			○
経済構造分析	産業連関表	確報	総務省	4年後	確報	4年11ヵ月	○		
		延長表	経済産業省	1年後	延長表	1年後			○
		産業連関分析	—	—	分析ワークシート	2009年2月〜	○		

　県政の施策目標は，地域住民の利便性を最大化であると考えられるが，地域別の標準的な地域活性化の処方箋が必要である。地域により資源や人材などが異なるため，地域活性化のためには，まず，地域ごとの政策目標設定指標を明

らかにする必要がある。そして，分析技術を普及させるためのインセンティブをどう統計ユーザーに与えるかが，経済統計指標の利用，普及を図る上での課題の1つである。

統計は，社会の出来事を再構成し数値化したもので，客観性，信頼性を持ち，統計の存在意義は比較であり，行動を決定するための事実を表した資料として使用されている。行政施策の検討時には，データを用いて問題を議論すべき土壌をつくり，統計指標と活用するための分析ツールの普及が求められる。さらに，地域指標の比較を確実なものとするため，統計指標の作成は，統計のメーカーと統計ユーザーの相互の協働作業により作成するほうが利用しやすい指標となることが必要である。政策を判断するためにはGDPのような単一の数値に集約した総合指標が望ましいが，教育や居住など生活面などの進歩を測る複数の指標をセットで表し全容を把握するための指標の検討が必要である。

● 参考文献
芦谷恒憲（2012）「1990年代以降の兵庫県経済の構造と変化－兵庫県民経済計算の利用と課題」『経済学論究』（関西学院大学経済学部研究会）第66巻1号，1-28ページ．
小野寺敬・上田貴子・浅子和美（2015）「地方景気の先行性・遅行性－都道府県別CIによる分析－」『経済研究』（一橋大学経済研究所）第66巻第2号，127-144ページ．
景気循環学会・金森久雄編（2002）『ゼミナール景気循環入門』東洋経済新報社．
豊原法彦（2014）「兵庫県CLI（Composite Leading Indicators）の試作について」『経済学論究』（関西学院大学経済学部研究会）第68巻第3号，221-241ページ．
兵庫県統計課（1997）「兵庫県景気動向指数の開発」．

● 参考URL
兵庫県景気動向指数URL　https://web.pref.hyogo.lg.jp/stat/cate3_721.html
兵庫県景気先行指数URL　http://192.218.163.168/HYOGO-CLI/

第 7 章

兵庫 CLI（Composite Leading Indicators）と基調判断

◆

1　はじめに

　景気の動きに先行する指標の1つにCLI（Composite Leading Indicators）がある。これはOECDによって開発されたもので，日本を始めとする同組織加盟国および地域のデータが毎月web上で公開[1]されている。この指標の特徴の1つはCLIを算出するためのソフトウエア[2]が公開されていることで，これを用いると，個別系列の外れ値処理，トレンド除去，標準化とそれらの合成によって指数を作成しBry-Boschan法によって景気のピークやトラフを求めるといった処理が容易に行える。

　この手法を兵庫県に適用し景気の先行性を示す指標である兵庫県CLIを求めたものとして豊原（2014）があり，それはCI一致指数に対して概ね2，3ヵ月程度先行することが示された。この場合には，景気動向指数の個別指標の速報値が各月の末に公表され，それが2ヵ月前のものであることを勘案すると，このCLIは大きなショックがない限り，足元または1ヵ月先の経済状態を表したものとなることになる。また，関西学院大学産業研究所は兵庫県政策創生部との間で調査研究に関する協力協定を2015年7月に締結し，それに基づき提供されたデータを用いて2015年10月より兵庫CLIをwebで毎月公開[3]している。

　そこで本章では，第2節で兵庫県の先行指標に採用されている個別指標の動きを検討し，各々についてCACISdの各プロセスでどのような処理が行われ

ているのかを明らかにした後に，第3節で各個別指標の合成によって得られる兵庫CLIの2015年10月から2016年12月までの動きについてまとめる。次に第4節では内閣府による基調判断を兵庫CLIに適用して，過去の時点で予測された状態と現実の経済状況についてどれほどの相違が見られるかを検討する。そして，最後に残された課題について述べたい。

2　兵庫県の先行指数個別指標とCACISdによる変換について

兵庫県の先行指数は次の7つの系列からなる（図表7-1）。

図表7-1　先行指数個別系列

L1	生産財生産指数（季節調整済）
L2	鉱工業製品在庫率指数（季節調整済）
L3	着工新設住宅戸数（季節調整済）
L4	新規求人数（季節調整済）
L5	新車新規登録台数（季節調整済）
L6	企業倒産件数（季節調整済）
L7	日経商品指数（前年同月比）

次に，CACISdによって行われるデータ加工プロセスを簡単に説明する。まず外れ値があるか否かを検討し，ある場合にはそれを除去した系列を作成する。次にトレンドを除去しゼロ周りに変動するように系列を加工して各系列の形を整えた上で，それらを合成してCLIを作成する。ここでは，これらの過程のうち次章で述べる合成までのデータ変換の様子を示す。

- 外れ値処理について：当該系列において，それまでの傾向に比較してあまりに大きな値が一時的に観察されたときには，全体の平均などが大きく変化することを避けるためそのまま用いるのではなく，OECDなどで季節調整に用いられるスペイン銀行開発のTRAMO/SEATS[4]のTRAMOに従ってその変化が一時的なのかを判断し，一時的と判断されたときには，その前後の値の傾向に合わせるように値を推定する。
- トレンドについて：これはHodrick-Prescott filter[5]によって求める。この

第7章　兵庫CLI（Composite Leading Indicators）と基調判断　147

方法は単に時間とともに直線的に変化するトレンド[6]とは異なり，系列ごとで緩やかな曲線が得られ，これがCACISdの大きな特徴の1つである。
- デトレンドについて；外れ値処理を施された系列からトレンドをフィルター処理したものであり，平均がゼロ周りの振動に変換されている。
- 正規化について；そのプロセスではトレンド系列に対して，バンドパスフィルターで12ヵ月以上のもの，120ヵ月以下のものの周波数（周期の逆数）を取り除き，各々の値の平均偏差を平均絶対偏差で割ったものに100を加えたものであり，平均と振幅が比較可能なレベルに調整される。

これらのプロセスを各系列ごとで順を追ってみていく。各系列ごとに1994年1月から2016年12月までを各々描いたものが**図表7-2～7-5**であり，**図表7-2**はL1とL2の，**図表7-3**はL3とL4の，**図表7-4**はL5とL6の，**図表7-5**はL7の変換されている様子を示している。以下ではそれぞれの系列について変換の過程についてコメントする。

<L1（生産財生産指数）>
- 外れ値処理について；1994年3月の104.8が外れ値と判断され，80.8に変換されている。
- トレンド系列について；2008年前半までは拡大傾向，それ以降は縮小傾向が見られる。
- デトレンド系列について；外れ値処理を行ったものからトレンドを除いたものであり，景気拡大期は下方に，後退期には上方に変動がシフトしていることがわかる。
- 正規化系列について；スムージングによりかなりなめらかな変動になっているが，この変換によって2016年はじめに見られる縮小から拡大への反転は，原系列では見られないものであった。

<L2（鉱工業製品在庫率指数）>
- 外れ値処理について；2012年9月に起こった兵庫県姫路市にある原材料メー

カーの大規模火災により出荷額が著しく低下したことから，同年11月に1,423,12月に1,829という大きな値を示している[7]が，外れ値処理をすることによってそれぞれ113.0，113.3に変換されている。また，2008年11月から2009年3月にかけて順に，114.8, 136.4, 233.0, 170.8, 151.6となっているが，突出している2009年1月の部分のみ一時的増加ということで148.5に変換されたが，それ以外の部分は処理の対象となっていない。
- トレンド系列について；2005年までは低下しそれ以降上昇している。
- デトレンド系列について；外れ値処理を行ったものと比較して，2005年のトラフの部分は底上げされており，逆に2015年以降の部分は下方にシフトされている。
- 正規化系列について；スムージングされているが，2001年，2009年前後にピークが見られる。

<L3（着工新設住宅戸数）>
- 外れ値処理について；外れ値は見られない。
- トレンド系列について；バブルの頃[8]と1996年[9]に頂上を迎えてからは漸次低下している。
- デトレンド系列について；1996年から97年にかけて増加が見られ，低下トレンドがフィルターされたことで，2010年以降は安定傾向に見える。
- 正規化系列について；短期的振動は見られるものの，消費税増税に対する駆け込み需要などでピークが見られる。

<L4（新規求人数）>
- 外れ値処理について；1995年2月と3月に見られる[10]。この時期は阪神淡路大震災の直後であり，一時的に求人数が増えたものと考えられる。
- トレンド系列について；1990年代中盤と2006年頃にピークが見られる。
- デトレンド系列について；トレンドが除かれ，1990年代中盤にあるピークと2000年から01年にかけてのピーク，2005年頃のピークにおける振幅にあまり

第 7 章 兵庫 CLI (Composite Leading Indicators) と基調判断

図表7-2 L1生産財生産指数, L2鉱工業製品在庫率指数の原系列と加工プロセス図

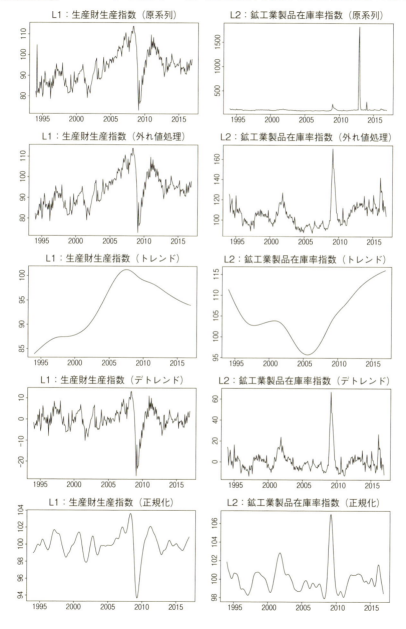

図表7-3 L3着工新設住宅戸数，L4新規求人数の原系列と加工プロセス図

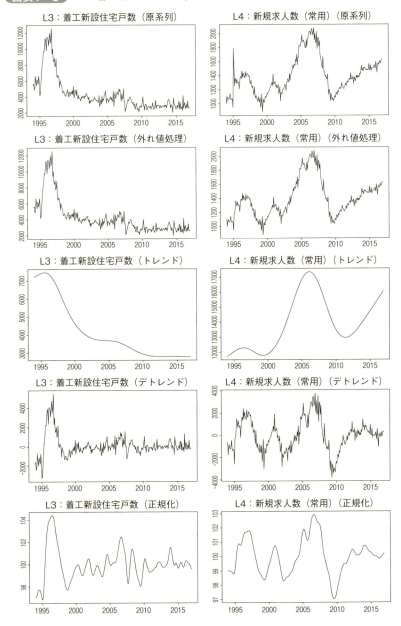

第 7 章 兵庫 CLI（Composite Leading Indicators）と基調判断 151

図表7-4 L5新車新規登録台数，L6企業倒産件数の原系列と加工プロセス図

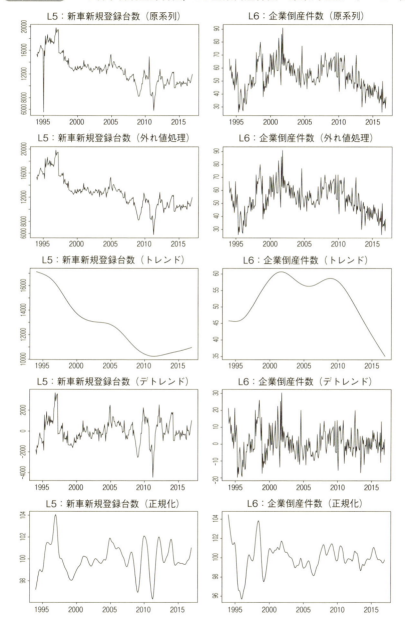

図表7-5　L7日経商品指数の原系列と加工プロセス図

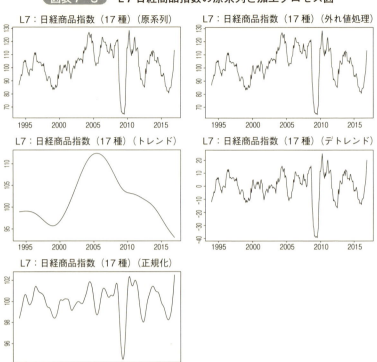

大きな違いが見られなくなっている。
- 正規化系列について：ピークとトラフが一層明瞭な形になっている。

<L5（新車新規登録台数）>

- 外れ値処理について；1995年1月と2010年8月にそれぞれ5,554→15,887，14,951→10,921と外れ値処理されている。前者は阪神淡路大震災の影響で自動車関連工場の生産量が一時的に減少したことに対して上方に修正したものであり，後者はいわゆるエコカー減税の駆け込み需要に対する補正を示している。
- トレンド系列について；バブル期のピークとリーマンショックの落ち込み以

外の部分はほぼ振幅が一定の変動をしている。
- 正規化系列について；スムージングによりピークとトラフが明確になっており，特に2010年以降はその周期も短くなっている。

<L6（企業倒産件数）>
- 外れ値処理について；外れ値は見られない。
- トレンド系列について；2002年頃と2010年頃にピークがあり，2006年頃にトラフが見られる。
- デトレンド系列について；2002年頃，2004年頃，2010年頃，2011年から12年にかけて短期間でのピークとトラフの入れ替わりが見られる。これは，各種政策の切れ目等によるものと思われる。
- 正規化系列について；1990年代に大きなピークとトラフが見られるが，それ以降はリーマンショック時期を含めて大きな振幅の変化は見られない。

<L7（日経商品指数）>
- 外れ値処理について；いくつもの指標を合成して求められる本系列の場合には，個別の指数が持っている独自の変動部分が相殺されるので，結果的にスムージングされてしまって外れ値は見られない。
- トレンド系列について；2005年をピークとしてそれ以降は縮小傾向にある。前半までは拡大傾向，それ以降は縮小傾向。
- デトレンド系列について；リーマンショックの時を除くとほぼ同じような振幅で変動している。平均周りでの振幅は拡大している。特に1997年から98年にかけての拡大期，99年末から2002年にかけての縮小期，2009年前半のリーマンショックについては動きが顕著に見られる。
- 正規化系列について；大きなピークが1996年10月，2004年11月，2008年4月，2010年4月，2013年12月に，トラフは1998年8月，2005年9月，2009年4月，2012年10月，2015年5月に見られる。

なおこれらの指数のうち，鉱工業生産指数に由来するL1生産財生産指数と

L2鉱工業製品在庫率指数については，2013年12月までは2005年を基準年次とするものであり，2014年1月からは2010年を基準年次としているので，異なる期間で指数を比較する際には慎重な取扱いが必要となる[11]。さらに，鉱工業生産指数の場合には原数値について個票データの修正，追加データの参入により改定される年間補正，さらに季節指数について新たな季節要素が作成されたことによる改定によって前年1月に遡って再計算[12]される。たとえば今回のデータの場合には，2015年1月以降のデータが2016年8月以降に公開されたものではそれ以前のものに比べて2015年1月から2016年7月の平均でL1は-0.194，L2は0.974のシフトが見られるため，過去との比較に重要性を置く場合には実感との乖離を来さぬよう留意が必要である。

次に，各系列の特徴と景気に対する感応度を調べるため，各系列の正規化[13]のグラフに，図表7-13（164頁）にある兵庫県の景気基準日付に従って景気後退局面の期間をシャドウで表示したものが，図表7-6，図表7-7である。以下では各系列と景気基準日付との関係についてコメントする。

＜L1生産財生産指数＞

第12循環については，拡大局面では一時的な落ち込みがあるものの概ね同調している。後退局面でも若干の先行性はあるもののほぼ同調している。第13循環ではピークが若干遅いものの拡大局面と後退局面ではほぼ同じ動きをしている。第14循環については，拡大局面では2つの小さな変動はあるものの拡大している。後退局面はほぼ同調している。第15循環の拡大局面と後退局面ではほぼ同じ動きをしている。

＜L2鉱工業製品在庫率指数＞

第12循環については，拡大局面では阪神淡路大震災後に一時的な落ち込みがあるものの概ね拡大しており，後退局面は兵庫県の基準日付に比べるとかなり短くなっている。第13循環では長期にわたり拡大しており，後退局面はほぼ同じ動きをしている。第14循環については4つの循環を経ながら拡大しているが

ピークは遅くなり，2つの小さな変動はあるものの拡大している。後退局面はほぼ同調している。第15循環の拡大局面と後退局面ではほぼ同じ動きをしている。

<L3 着工新設住宅戸数>

　第12循環では，ピークが早く訪れている。これは1997年4月の消費税の5％への税率改定が影響していると思われ，後退局面自体が全体的に前方にシフトしている。第13循環では基準日付よりも早く拡大局面に入っているがピークはわずかに先行しているものの，長期にわたり拡大しており，後退局面はほぼ同じ動きをしている。第14循環については，4つの小さな循環を経ながら概ね拡大しているが，ピークは早く訪れ更にその中でも振動が見られる。第15循環においても拡大局面と後退局面で小さな循環を繰り返しながら拡大している。

<L4 新規求人数>

　第12循環では，拡大局面においては阪神淡路大震災の部分を除くとほぼ単調に拡大し，後退局面では単調にその方向に向かっている。第13循環ではトラフは基準日付と同じものの，拡大がより長く続き，後退局面の期間も少し長くなっている。第14循環については，1つの循環を経ながら概ね拡大しているがピークは数ヵ月早く，後退局面も長くなっている。第15循環についてはそれほど明確なピークとトラフが見られない。

<L5 新車新規登録台数>

　第12循環では，拡大局面ではいくつかの踊り場は見られるものの，ピークは基準日付より先行しており，またトラフはほぼ一致している。第13循環ではトラフは基準日付と一致しているがピークは遅く訪れており，拡大局面の期間が長くなっている。第14循環についてはピークが早く訪れており，必ずしも基準日付と同調していない。第15循環についても同様でより短いサイクルで，しかも振幅が大きくなっている。

図表7-6　正規化されたL1からL4とCLIから求めた景気後退局面（シャドウ部分）

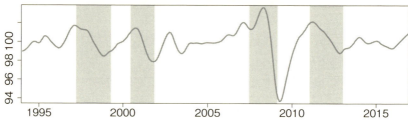

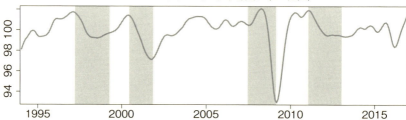

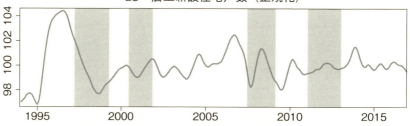

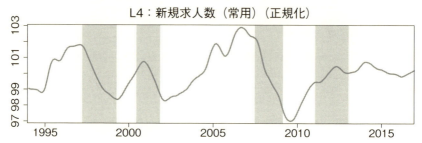

図表7-7 正規化されたL5からL7とCLIから求めた景気後退局面（シャドウ部分）

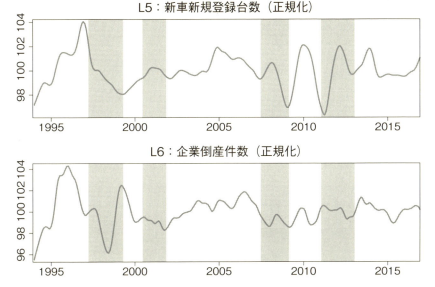

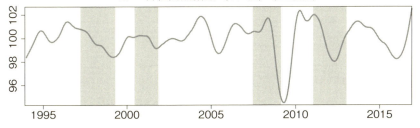

＜L6企業倒産件数＞

　第12循環では基準日付の1年ほど前にピークを迎え，後退局面もそれに伴って前方にシフトしている。第13循環では基準日付のトラフの部分がピークになっているなど，あまり一致が見られないが，ピークは遅く拡大局面の期間が長くなっている。第14循環については小さな循環がありつつも緩やかな拡大局面であり，基準日付よりも数ヵ月早くピークをトラフも少し早く迎えているが，その中でも循環が見られる。第15循環では系列が示すピークやトラフが基準日

付と明確な対応が見られないところもあるが，不況になると倒産件数は増えるものの，好況時でも人手不足や資金不足などによる倒産が一定数見られることから，このような動きになると思われる。

<L7 日経商品指数>

　第12循環では，小さな循環があるもののピークに向かって拡大し，基準日付と同様に後退局面に向かっている。第13循環でも，基準日付と同じような動きをしている。第14循環では2005年頃に大きな変動が見られるもののそれを除くと概ね拡大傾向にあるが，ピーク，トラフのいずれもが基準日付よりも遅れている。第15循環については，拡大局面は基準日付とほぼ同じであるが，後退局面はかなり短くなっている。

　以上の個別系列と景気基準日付に基づくピークやトラフについてまとめると，鉱工業生産に由来するものや雇用といった生産活動に直接関係する指標については，小さい変動はありつつも，概ねピークとトラフが一致しているが，それ以外の指標についてはリーマンショックなどの場合を除いては，ピークとトラフの明確な一致が見られず，中には単調に減少している系列も見られる。

3 兵庫 CLI の動き

　先の章の方法に従って正規化された個別系列を同じウェイトで加重平均したものを兵庫 CLI とし，それを描いたグラフが**図表7-11**（163頁）であり，そこでは Bry-Boschan 法に基づいて求めた景気の後退期に網掛けされている．この図表と**図表7-12**（163頁）左側，内閣府が公表している景気基準日付[14]と比較すると，次のことがわかる．

① 内閣府の景気基準日付第12循環ではトラフが1993年10月，ピークが1997年5月，トラフが1999年1月であるが，兵庫 CLI では1996年10月にピークを迎えていることから7ヵ月先行，1998年8月にトラフを迎えていることから，5ヵ月先行している．

② 内閣府が公表している景気の第13循環ではトラフが1999年1月，ピークが2000年11月，トラフが2002年1月であり，兵庫 CLI ではそれらに相当するものが順に，1998年8月，2000年8月，2001年11月であることから，ピークについては3ヵ月，トラフについては2ヵ月先行している．

③ 内閣府が公表している景気の第14循環ではトラフが2002年1月，ピークが2008年2月，トラフが2009年3月であり，兵庫 CLI ではそれらに相当するものが順に，2001年11月，2004年11月，2009年4月であることから，ピークについては39ヵ月先行，トラフについては1ヵ月遅行していることがわかる．なおピークについては**図表7-11**にもあるように，この期間内に小さなピークが2つあり，内閣府の判断は後者を，兵庫 CLI では前者を選択している．またいわゆるリーマンショックが2008年9月15日に発生した影響を示しているこの循環末期のトラフでは，一気に経済状況が悪化したために兵庫 CLI の先行性は示されていない．

④ 内閣府が公表している景気の第15循環ではトラフが2009年3月，ピークが2012年3月，トラフが2012年11月であり，兵庫 CLI ではそれらに相当するものが順に，2009年4月，2010年4月，2012年10月であることから，

ピークについては23ヵ月，トラフについては1ヵ月先行していることがわかる。この循環のピークについては兵庫CLIではいくつかの小さなピークが見られるものの，上記の年月を選択した。

⑤　それ以降については，内閣府としては明確に景気基準日付を示してはいないが，兵庫CLIでは2013年12月にピークを，2016年2月にトラフを設定している。消費税引き上げが2014年4月であることを考えると，その前に小さなピークを迎えていると考えることができる。ただし，これが第16循環としてとらえられるかについては，今後の景気動向に委ねられる。

つぎに，兵庫CLIに対して各個別系列がどのような貢献をしているかを調べる。2015年1月以降について得られた結果を表の形でまとめたものが**図表7-8**であり，それを積み上げグラフで示したものが**図表7-10**（162頁）である。これらの図表から次の点を読み取ることができる。

①　2016年2月にトラフがあることに留意すると，その時点を境にマイナスからプラスに符号が変化するものが景気に感応的であると考えられる。各個別系列の変化の方向がCLIと一致しているものはL4とL7であり，その割合は24ヵ月中21ヵ月であった。それに続くのはL1，L2とL5であり，変化の方向は19ヵ月が一致していた。

②　2015年6月と7月に，兵庫CLIはプラスになっているが，その時点でプラスであったのは，L2，L5，L6でありそのうちL5は0.00003とほとんどゼロであり，L2とL6は大きくプラスに転換していることから，それが兵庫CLIのプラスに貢献していることがわかる。なお，2015年5月に比べて6月の値が改善（マイナス幅が小さくなる，マイナスからプラスに転換するなど）しているものを降順に並べるとL6（0.00142），L2（0.00064），L1（0.00027），L4（0.00016），L5（0.00007），L7（-0.00049），L3（-0.00129）であることから，符号は変わらないものの，指標L1，L4もこの時期のプラスへの転換に貢献していることが確かめられる。

③　この期間中，符号が最も変わったのはL3，L5とL6の4回であり，L2が3回，L1が2回，L4とL7が1回と続く。なお兵庫CLIは3回で

第 7 章 兵庫 CLI（Composite Leading Indicators）と基調判断

図表7-8 CLI の各要素の寄与度

	L1	L2	L3	L4	L5	L6	L7	CLI
2015-01	0.00036	-0.00180	-0.00049	-0.00016	0.00027	-0.00205	-0.00172	-0.00561
2015-02	-0.00016	-0.00191	0.00079	-0.00042	-0.00002	-0.00281	-0.00125	-0.00578
2015-03	-0.00083	-0.00069	0.00152	-0.00046	-0.00035	-0.00285	-0.00091	-0.00458
2015-04	-0.00140	0.00066	0.00158	-0.00045	-0.00039	-0.00178	-0.00079	-0.00258
2015-05	-0.00113	0.00171	0.00134	-0.00052	-0.00010	-0.00072	-0.00102	-0.00044
2015-06	-0.00086	0.00235	0.00005	-0.00036	-0.00003	0.00070	-0.00151	0.00033
2015-07	-0.00064	0.00229	-0.00125	-0.00021	0.00002	0.00181	-0.00198	0.00004
2015-08	-0.00060	0.00172	-0.00136	-0.00010	0.00004	0.00240	-0.00222	-0.00013
2015-09	-0.00067	0.00042	-0.00148	-0.00005	-0.00019	0.00254	-0.00212	-0.00155
2015-10	-0.00078	-0.00167	-0.00051	-0.00006	-0.00027	0.00204	-0.00185	-0.00310
2015-11	-0.00063	-0.00379	0.00077	-0.00021	-0.00028	0.00142	-0.00148	-0.00421
2015-12	-0.00037	-0.00534	0.00173	-0.00033	-0.00019	0.00148	-0.00095	-0.00397
2016-01	0.00027	-0.00610	0.00233	-0.00036	0.00002	0.00054	-0.00036	-0.00365
2016-02	0.00100	-0.00494	0.00098	-0.00051	0.00033	-0.00010	0.00025	-0.00300
2016-03	0.00153	-0.00203	0.00035	-0.00034	0.00083	-0.00009	0.00091	0.00115
2016-04	0.00145	0.00072	-0.00050	0.00017	0.00120	0.00011	0.00149	0.00462
2016-05	0.00158	0.00304	-0.00113	0.00040	0.00087	0.00075	0.00208	0.00760
2016-06	0.00164	0.00446	-0.00070	0.00046	0.00060	0.00008	0.00284	0.00938
2016-07	0.00156	0.00445	-0.00027	0.00051	0.00053	0.00121	0.00373	0.01172
2016-08	0.00169	0.00426	-0.00033	0.00048	0.00083	0.00102	0.00463	0.01259
2016-09	0.00152	0.00365	-0.00048	0.00042	0.00161	0.00043	0.00551	0.01266
2016-10	0.00124	0.00345	-0.00138	0.00049	0.00243	-0.00036	0.00638	0.01224
2016-11	0.00129	0.00364	-0.00155	0.00052	0.00293	-0.00097	0.00715	0.01301
2016-12	0.00144	0.00391	-0.00137	0.00047	0.00310	-0.00211	0.00756	0.01302

ある。このことから，この順で感応的であるものの，L4やL7のようにあまり変動しない指標によって兵庫CLIやこれを用いて行う基調判断が安定的であることがわかる。また，変化の回数が多いL3，L5および

図表7-9　CLIのCI一致指数（試算値）に対する景気循環数の比較と先行月数

景気循環数			先行月数				
目標数	見過ごし	過剰認定	平均	標準偏差	メジアン	最大相関係数	その月数
9	2	2	3.43	2.19	3	0.880	3

L6では兵庫CLIがマイナスのときでもプラスを示したり，L3はさらに兵庫CLIがプラスのときでもマイナスを示している。これは景気回復局面でもL3の示す新規着工住宅数が景気の拡大の初期には少し立ち上がりが遅くなるためであると思われる。

本分析では兵庫県の先行指数個別系列をもとに兵庫CLIを求めているが，今後精度の向上を図るなど個別系列を入れ替える際には，各系列の特性を上記の観点からも検討する必要があろう。

次に，兵庫CLIがCI一致指数（試作値）[15]に対してどれだけの先行性を持っているかをまとめたものが図表7-9であり，各景気のピークとトラフについて個別に示したものが図表7-12である。

なお，参照のために兵庫県の景気基準日付[16]をもとに兵庫県の第11循環以降を図表7-13に示しており，これは景気動向指数の一致指数の各採用系列の

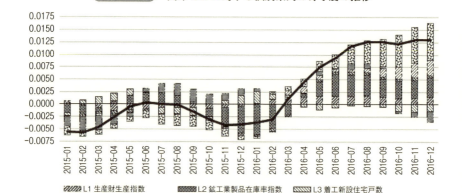

図表7-10　兵庫CLIに対する個別系列の寄与度の推移

第 7 章　兵庫 CLI（Composite Leading Indicators）と基調判断　163

図表7-11　兵庫 CLI（シャドウ部分が景気後退期）

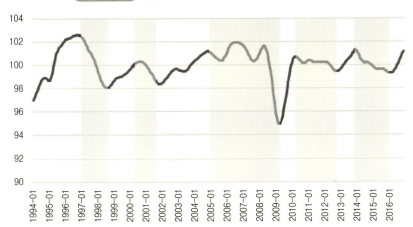

図表7-12　CLI と CI 一致指数（試算値）の景気ピーク・トラフ表

ピーク（P）トラフ（T）	CLI	CI 一致指数（試算値）	先行月数
T	検出せず	1995-02	—
P	1996-10	1997-06	8
T	1998-08	1999-01	5
P	2000-08	2000-10	2
T	2001-11	2002-02	3
P	2004-11	検出せず	—
P	検出せず	2006-09	—
T	2009-04	2009-05	1
P	2010-04	検出せず	—
P	検出せず	2011-12	—
T	2012-10	2012-12	2
P	2013-12	2014-03	3
T	2016-02	検出せず	—

図表7-13　兵庫県の景気循環（第11循環以降）

	トラフ	ピーク	トラフ	拡張期間	後退期間	全循環期間
第11循環	1987年11月	1991年3月	1993年10月	52ヵ月	31ヵ月	83ヵ月
第12循環	1993年10月	1997年4月	1999年5月	42ヵ月	25ヵ月	67ヵ月
第13循環	1999年5月	2000年7月	2001年12月	14ヵ月	17ヵ月	31ヵ月
第14循環	2001年12月	2007年7月	2009年3月	67ヵ月	20ヵ月	87ヵ月
第15循環	2009年3月	2011年2月	2013年2月	23ヵ月	24ヵ月	47ヵ月

DI[17]を用いて算出される累積DI[18]やヒストリカルDI[19]をもとに，DI採用系列以外の主要経済指標の動き（国（県）民経済計算，日本銀行「企業短期経済観測調査」など）や景気観測－経済分析などの専門家の意見等を加味して総合的に判断される，という基準[20]によって決定されている。

これらの表から，まず次のことがわかる。

① 景気循環の数については，1994年以降ではCLIはピークが5つ（1996年10月，2000年8月，2004年11月，2010年4月，2013年12月），トラフが5つ（1998年8月，2001年11月，2009年4月，2012年10月，2016年2月）であるのに対してCI一致指数（試算値）はピーク，トラフが順に5つずつ（1997年6月，2000年10月，2006年9月，2011年12月，2014年3月），（1995年2月，1999年1月，2002年2月，2009年5月，2012年12月）であった。リーマンショックの影響が現れたと思われるトラフの部分（CLIでは2009年4月，CI一致指数（試算値））では同年5月とあまり先行性は見られないが，これは外生的ショックによる影響であることは明らかであろう。またCLIが判断できなかったピークが2つ，逆に過剰認定したものが2つ見られるが，これはなだらかに拡大していく中でのピークの判断[21]の調整によって改善できる可能性もあるが，本研究ではあえてパラメータの変更を行わなかった。

② CLIのCI一致指数（試算値）に対する先行月数については，**図表7-9**にあるように，概ね3.4ヵ月であり，**図表7-12**にあるように先行月数はメジアンを3ヵ月とした安定的な分布になっていることがわかる。

③ 3ヵ月ラグ付きのCLIとCI一致指数（試算値）の間の相関係数は0.880であり，それ以外の月数の相関係数よりも大きくなっている[22]。このことからも，両者の間にはCLIが3～4ヵ月先行しているという結果が得られる。

④ 図表7-13にある兵庫県が公表している景気基準日付と兵庫CLIが示す景気のピークとトラフを比較すると，概ね内閣府が公表している全国の景気基準日付と同じ傾向が見られる。これはCLIがトレンドを除去した系列を用いているのに対して，基準日付のほうは外れ値の処理のみを行っていることによることも影響していると考えられる。

4 過去1年間のデータを用いた基調判断の妥当性検証

本章では2015年10月から2016年12月までの各期について次の手順に従って基調判断を行い，事後的にどのように変遷してきたかを示す。CIによる基調判断はweb[23]で公開されているが，概ね，後方3ヵ月移動平均の前月差の符号が3ヵ月連続でプラスであれば「改善」，3ヵ月連続でマイナスであれば「悪化」，それ以外の場合で過去3ヵ月までの累積変動幅が1標準偏差を上回る場合に，当該月における前月差の符号がプラスならば「足踏み」，マイナスなら「下げ止まり」とされている。さらに7ヵ月後方移動平均の前月差の符号がそれまでのマイナスからプラスに変化し，かつその幅が直近3ヵ月までの累積で1標準偏差以上であれば「上方への局面変化」，逆の場合には「下方への局面変化」となる。そして最後にこれらの条件が当てはまらない場合，たとえば当該月の前月基調判断が「改善」，つまり後方3ヵ月の移動平均の符号が当該月の4ヵ月前～1ヵ月前はプラスで今月はマイナスでありかつその変動幅が1標準偏差に満たないときには，前月の基調判断を踏襲して「改善」となる。これらを上記の期間のデータについて2015年10月以降に毎月公表されたデータに基づき，兵庫CLIから求められた基調をまとめたものが図表7-14である。

これらの図表から次のことがわかる。

図表7-14 データ公表時期ごとのCLIによる基調判断（図中の*は前月基調判断の踏襲）

	201510	201511	201512	201601	201602	201603	201604	201605	201606	201607	201608	201609	201610	201611	201612	201701	201702
2015-01	悪化	悪化	悪化	悪化	悪化	悪化	悪化	悪化	悪化	悪化	悪化	悪化	悪化	悪化	悪化	悪化	悪化
2015-02	悪化	悪化	悪化	悪化	悪化	悪化	悪化	悪化	悪化	悪化	悪化	悪化	悪化	悪化	悪化	悪化	悪化
2015-03	悪化	悪化	悪化	悪化	悪化	悪化	悪化	悪化	悪化	悪化	悪化	悪化	悪化	悪化	悪化	悪化	悪化
2015-04	悪化	悪化	悪化	悪化	悪化	悪化	悪化	悪化	悪化	悪化	悪化	悪化	悪化	悪化	悪化	悪化	悪化
2015-05	悪化	悪化	悪化	悪化	悪化	悪化*	悪化	悪化	悪化	悪化	悪化	悪化*	悪化*	悪化	悪化	悪化	悪化
2015-06	足踏み	足踏み	悪化*	悪化*	悪化	悪化*	悪化	悪化*	悪化	悪化*	悪化	悪化*	悪化*	悪化	悪化*	悪化*	悪化*
2015-07	足踏み*	足踏み*	悪化	悪化*	悪化*	改善	悪化*	悪化	悪化*	改善	改善	悪化*	悪化	悪化*	悪化	悪化*	悪化*
2015-08	改善	改善	改善	改善	悪化*	悪化*	改善	悪化*	改善	悪化	改善	改善	悪化*	悪化	悪化*	悪化	悪化*
2015-09		改善	改善	改善	悪化*	悪化*	改善	悪化*	改善	改善	悪化	改善	悪化*	悪化*	悪化*	悪化	悪化*
2015-10			改善	改善*	悪化	悪化	改善*	悪化	悪化*	改善	悪化*	改善*	悪化	悪化	悪化	悪化	悪化
2015-11				改善*	悪化	悪化	悪化	悪化	悪化	悪化	悪化	悪化	悪化	悪化	悪化	悪化	悪化
2015-12					悪化	悪化	悪化	悪化	悪化	悪化	悪化	悪化	悪化	悪化	悪化	悪化	悪化
2016-01					悪化	悪化	悪化	悪化	悪化	悪化	悪化	悪化	悪化	悪化	悪化	悪化	悪化
2016-02						悪化	悪化	悪化	悪化	悪化	悪化	悪化	悪化	悪化	悪化	悪化	悪化
2016-03						悪化*	悪化	悪化	悪化*	悪化	悪化*	悪化	悪化	悪化	悪化	悪化	悪化
2016-04							悪化*	悪化*	悪化*	悪化*	悪化*	悪化*	悪化*	悪化*	悪化*	悪化*	悪化*
2016-05								改善	改善	改善	悪化*	悪化*	悪化*	悪化*	悪化*	悪化*	悪化*
2016-06									改善	改善	改善	改善	改善	改善	改善	改善	改善
2016-07										改善	改善	改善	改善	改善	改善	改善	改善
2016-08											改善	改善	改善	改善	改善	改善	改善
2016-09												改善	改善	改善	改善	改善	改善
2016-10													改善	改善	改善	改善	改善
2016-11															改善	改善	改善
2016-12																	改善

① 2017年2月公表のデータを用いた結果を見ると2015年1月から2016年12月までの基調判断は、大きくまとめると前半の2015年1月から2016年5月までが「悪化」でそれ以降が「改善」であるが、「悪化」の基調判断のうち、2015年6月から9月までと2016年4月から5月の間については前月基調判断踏襲の「悪化」である。

第 7 章　兵庫 CLI（Composite Leading Indicators）と基調判断　167

図表7-15　過去2年分の CLI 変化量

	201510	201511	201512	201601	201602	201603	201604	201605	201606	201607	201608	201609	201610	201611	201612	201701	201702
2015年1月	-0.124	-0.124	-0.115	-0.118	-0.107	-0.110	-0.104	-0.107	-0.114	-0.114	-0.104	-0.108	-0.094	-0.096	-0.096	-0.098	-0.098
2015年2月	-0.143	-0.143	-0.133	-0.136	-0.106	-0.109	-0.102	-0.106	-0.114	-0.114	-0.101	-0.107	-0.088	-0.090	-0.090	-0.092	-0.092
2015年3月	-0.134	-0.134	-0.123	-0.125	-0.083	-0.087	-0.077	-0.082	-0.091	-0.091	-0.076	-0.081	-0.062	-0.064	-0.065	-0.067	-0.067
2015年4月	-0.101	-0.101	-0.098	-0.092	-0.048	-0.053	-0.041	-0.048	-0.048	-0.048	-0.042	-0.042	-0.030	-0.033	-0.033	-0.035	-0.035
2015年5月	-0.047	-0.047	-0.045	-0.040	-0.008	-0.013	0.000	-0.008	-0.004	-0.004	-0.005	0.004	0.002	-0.001	-0.001	-0.003	-0.003
2015年6月	0.003	0.003	0.002	0.005	0.016	0.010	0.025	0.015	0.022	0.022	0.012	0.029	0.016	0.013	0.013	0.011	0.011
2015年7月	0.036	0.036	0.029	0.025	0.014	0.011	0.026	0.013	0.022	0.022	0.005	0.026	0.009	0.006	0.006	0.004	0.004
2015年8月	0.058	0.054	0.040	0.025	-0.003	-0.002	0.011	-0.004	0.005	0.005	-0.018	0.006	-0.010	-0.013	-0.013	-0.016	-0.016
2015年9月	—	0.058	0.036	0.005	-0.031	-0.020	-0.017	-0.029	-0.022	-0.022	-0.047	-0.022	-0.037	-0.041	-0.041	-0.043	-0.043
2015年10月	—	—	0.026	-0.026	-0.059	-0.032	-0.047	-0.051	-0.048	-0.048	-0.070	-0.045	-0.066	-0.070	-0.069	-0.072	-0.072
2015年11月	—	—	—	-0.064	-0.085	-0.036	-0.081	-0.066	-0.068	-0.068	-0.085	-0.060	-0.092	-0.096	-0.095	-0.098	-0.098
2015年12月	—	—	—	—	-0.095	-0.019	-0.109	-0.061	-0.069	-0.069	-0.078	-0.056	-0.099	-0.104	-0.102	-0.106	-0.106
2016年1月	—	—	—	—	0.009	-0.138	-0.041	-0.054	-0.065	-0.053	-0.037	-0.087	-0.092	-0.088	-0.093	-0.086
2016年2月	—	—	—	—	—	-0.179	-0.017	-0.035	-0.034	-0.020	-0.020	-0.058	-0.063	-0.058	-0.064	-0.066
2016年3月	—	—	—	—	—	—	0.018	-0.002	0.017	0.028	0.000	-0.003	-0.007	-0.002	-0.008	-0.027
2016年4月	—	—	—	—	—	—	—	0.034	0.089	0.080	0.018	0.061	0.061	0.064	0.058	0.018
2016年5月	—	—	—	—	—	—	—	—	0.143	0.132	0.038	0.123	0.128	0.127	0.122	0.085
2016年6月	—	—	—	—	—	—	—	—	—	0.163	0.048	0.160	0.173	0.163	0.161	0.137
2016年7月	—	—	—	—	—	—	—	—	—	—	0.061	0.186	0.210	0.185	0.189	0.182
2016年8月	—	—	—	—	—	—	—	—	—	—	—	0.208	0.242	0.195	0.208	0.214
2016年9月	—	—	—	—	—	—	—	—	—	—	—	—	0.261	0.187	0.212	0.235
2016年10月	—	—	—	—	—	—	—	—	—	—	—	—	—	0.157	0.197	0.239
2016年11月	—	—	—	—	—	—	—	—	—	—	—	—	—	—	0.180	0.242
2016年12月	—	—	—	—	—	—	—	—	—	—	—	—	—	—	—	0.245

② 上記「悪化」（前月基調判断踏襲を含む）の期間を他の公表時期のデータについて見ると，2015年6月については，2015年10月から12月に公表されたデータでは「足踏み」，それ以外は「前月基調判断踏襲悪化」となっている。これは公表されたすべての時期においてこの月での変化の方向がそれまでのマイナスからプラスになったことによる。つまり過去2ヵ月連続

で変化の方向がマイナスで，当月の変化の方向がプラスのとき，過去3ヵ月までの変化の大きさが1標準偏差を上回れば「下げ止まり」となるが，2015年1月から3月までに公表されたものは変化量が大きかったためにこれに当てはまった。他方，それほど大きな変化の幅が見られなかったそれ以降に公表されたものは「前月基調判断踏襲悪化」となっている。

③ 2015年8月については，2015年10月から12月に公表されたものについては，過去3ヵ月の符号がすべてプラスになったので「改善」となっている。

5 おわりに

本章では，兵庫県の景気動向を早期に判断することを目的として兵庫CLIを算出した。その方法は兵庫県景気動向指数の先行指数の各個別系列に対して外れ値処理，トレンド除去，標準化を行い，それらの平均として求めた。そして，CI一致指数（試算値）や景気基準日付と比較しても平均で3ヵ月程度先行するという結果が得られた。これによってほぼ足下の景気状況を予測できる。また個別系列を詳細に検討する中で，系列によって景気循環と同様の動きをする鉱工業生産指数のようなものもあれば，それ以外の系列の中にはダウントレンド等を持つものがあることも明らかとなった。それらの特徴を持った系列の組み合わせによって，より頑健で当てはまりのよい予測，さらにはより長期の経済状況が見通せるような指標を見出すことが，今後の課題となろう。

また，基調判断の結果は3ヵ月移動平均をとるためか非常に安定していることから，従来のピーク－トラフの分析と組み合わせることで，頑健性の高い予測を行うことも期待できる。

● 注
1　http://stats.oecd.org/Index.aspx?DatasetCode=MEI_CLI
2　CACISd;Cyclical Analysis and Composite Indicators System.

3 http://www.kwansei.ac.jp/i_industrial 右側の「兵庫県との連携　兵庫県のCLI」よりリンク。
4 Time series Regression with ARIMA noise, Missing values and Outliers / Signal Extraction in ARIMA Time Series.
5 与えられた系列をトレンド部分とそうでない部分に分け，トレンド周りの2乗和とトレンドの2回階差の2乗和の合計を最小にするようトレンドを決める方法。
6 ドリフト項といわれることもある。
7 この企業が属している化学産業の出荷額が鉱工業生産全体のそれに占める割合は1301.2/10000。
8 消費税率の5％への引き上げは1997年4月。
9 消費税率の8％への引き上げは2014年4月。
10 それぞれ次のように変換。17,893→11,876，14,967→12,508。
11 基準改定の詳細は https://web.pref.hyogo.lg.jp/kk11/documents/iip_h22_gaiyou.pdf を参照のこと。
12 詳しくは下記サイト参照のこと。http://www.meti.go.jp/statistics/tyo/iip/qa.html
13 L2（鉱工業製品在庫率指数）とL6（企業倒産件数）は景気と逆サイクルなので，順サイクルに変換。
14 http://www.esri.cao.go.jp/jp/stat/di/150724hiduke.html に掲載。
15 兵庫県が景気動向指数の景気総合指数（CI）として公開しているものにCACISdの外れ値，デトレンド，正規化という処理を施したものであるため，ここでは従来のものと区別するために「試作値」としている。
16 https://web.pref.hyogo.lg.jp/kk11/documents/15-kakutei1.pdf
17 difussion index; 景気の広がりを示す指数で，個別系列が時点ごとで拡大か縮小かを示す変化方向表から求められる，拡大を示す指数の割合。
18 1984年3月を0とし，前期の累積DIに今期のDIから50を減じたものを加えることで求められる。このグラフのピークとトラフが景気のピークとトラフに対応することが知られている。
19 個別系列ごとに予め景気のピークとトラフを定め，その間は拡張期であればすべてプラス，後退期であればすべてマイナスとして各時点ごとにプラスの割合を示した指数。
20 詳細は次のサイトを参照のこと。https://web.pref.hyogo.lg.jp/kk11/documents/15-kakutei1.pdf
21 アプリケーションで設定される循環月数の最小値やピークからトラフ，トラフからピークという局面の継続月数による。
22 本表には記載していないが，1ヵ月，2ヵ月，4ヵ月のラグ付きCLIとCI一致指数（試算値）の間の相関係数は順に0.831，0.864，0.879，0.863であった。
23 http://www.esri.cao.go.jp/jp/stat/di/170510scale.pdf

● 参考文献

Bry, Gerhard and Charlotte Boschan (1971), *Cyclical Analysis of Time Series: Selected Procedures and Computer Programs*, Technical Paper 20, NBER, 1971.

Burns, Arthur F. and Wesley C. Mitchell (1946), *Measuring Business Cycles*, NBER, Jan. 1946.

Christiano, Lawrence J. and Terry J. Fitzgerald (1999), *The Band Pass Filter*, NBER Working Paper No.W7257.

Hodrick, Robert J. and Edward C. Prescott (1997), *Postwar U.S. Business Cycles: an Empirical Investigation*, Journal of Money Credit and Banking 29 (1).

Nilsson, Ronny and Gyorgy Gyomai (2007), *OECD SYSTEM OF LEADING INDICATORS: Methodological Changes and Other Improvements*, November 2007, available at: http://kolloq.destatis.de/2007/gyomai-nilsson_oecd.pdf.

Nilsson, Ronny and Gyorgy Gyomai (2011), *Cycle Extraction: A Comparison of the Phase-Average Trend Method, the Hodrick-Prescott and Christiano-Fitzgerald Filters*, OECD Statistics Working Papers 2011/4, OECD Publishing.

豊原法彦（2014）「兵庫県CLI（Composite Leading Indicators）の試作について」『経済学論究』（関西学院大学経済学部研究会）第68巻3号（2014年12月）。

あ と が き

　本書は，関西学院大学産業研究所における2014～2016年度の共同研究「関西経済の構造分析」の研究成果を標題どおり，『関西経済の構造分析』と銘打って世に問うものである。これを産研叢書41として刊行する運びになった。
　かかる共同研究は，産業研究所における主要な研究活動の柱の1つでもある。学部・研究科教員，研究所教員など学内教員を核とし，学外研究者や実務家も交え，学際的に長く継続されてきた。主として産業・企業や地域経済等の分野から時代に即して重要なテーマを掲げたプロジェクトが毎年1つだけ採択され，3年計画の下，調査や研究が進められている。したがって，同じ年度内に3つの共同研究プロジェクトが併存することになる。各プロジェクトとも3年に及ぶ研究会等の活動を終えた翌年度に必ず研究成果を公表すべく，共同研究代表者が編著者となり産研叢書の刊行を続けている。
　さて本書は，関西地域の景気変動に焦点を当て，多様な観点から解析を試みた実証的な研究成果に他ならない。第1章，第2章，第3章から窺い知るように，関西地域の産業構造を分析する上で，海外の経済との連動について科学的に深く究明し得た点に，第1の特徴を見出せる。いずれの示唆も実に興味深い。
　第2の特徴は，兵庫県の景気動向に産業研究所が深く関わるようになったという事実を拠り所とする。この点は第5章，第6章，第7章の研究成果へ見事につながっただけに見過ごせない。もとより2008～2010年度「関西経済と景気循環指数に関する総合的研究」プロジェクト（研究代表：根岸紳教授）に加えて本プロジェクトもきっかけとなり，2015年7月に兵庫県と当研究所は景気指標などの調査研究で協力協定を締結した。これを受けて当研究所は，ホームページの中で兵庫県における地域版景気先行指数を定期的に掲載している。
　第3の特徴は，第4章を典型として，関西府県の産業構造分析対象が産業全

般へと広がりを示した点にある。府県 GRP の生産関数の推計は要注目となる。

　なお，本共同研究書の編集は豊原法彦教授にお願いした。豊原先生には研究プロジェクトの研究会を実施するたびにお世話くださったのみならず，かかる共同研究成果の編集に際しても細部にわたり目を通していただいた。おかげで本書を出版することができた。まずは豊原先生に心より御礼申し上げたい。また，本書に研究成果をお寄せいただいた研究メンバーには3年間の研究活動とともに，そのご労苦に敬意を表したい。

　本書の刊行は出版事情の厳しいなか，中央経済社にお引き受けいただいた。山本継社長，ならびに編集の労をお取りいただいた田邉一正氏に厚くお礼を申し上げる次第である。

　2018年2月

関西学院大学産業研究所長　藤　沢　武　史

■編著者紹介

豊原　法彦（とよはら　のりひこ）
関西学院大学経済学部教授 博士（経済学，関西学院大学）
1958年生まれ。1982年関西学院大学経済学部卒業，1987年関西学院大学大学院経済学研究科博士課程後期課程単位取得。立命館大学経営学部助教授を経て，1996年関西学院大学経済学部助教授，1998年より現職。

＜主要業績＞
「KG-EDENS：関西学院大学経済データ抽出システムの構築」『経済学論究』第53巻第3号，1999年．pp.149-159.
「段ボール生産と景気変動に関する一考察：関西経済を中心に」髙林喜久生と共著，『産研論集』第42号，2015年，pp.35-43.
「CLI（Composite Leading Indicators）とCI（Composite Index）一致指数の相関係数とconcordance指数について：シミュレーションによる分析」『立命館経済学』第64巻第5号，2016年，pp.174-193.

関西学院大学産研叢書(41)
関西経済の構造分析

2018年3月30日　第1版第1刷発行

編著者	豊原　法彦
発行者	山　本　　継
発行所	㈱中央経済社
発売元	㈱中央経済グループ パブリッシング

〒101-0051　東京都千代田区神田神保町1-31-2
電話　03(3293)3371（編集代表）
　　　03(3293)3381（営業代表）
http://www.chuokeizai.co.jp/
印刷／文唱堂印刷㈱
製本／誠　製　本㈱

© 2018 関西学院大学産業研究所
Printed in Japan

＊頁の「欠落」や「順序違い」などがありましたらお取り替えいたしますので発売元までご送付ください。（送料小社負担）
ISBN978-4-502-25671-4　C3033

JCOPY〈出版者著作権管理機構委託出版物〉本書を無断で複写複製（コピー）することは，著作権法上の例外を除き，禁じられています。本書をコピーされる場合は事前に出版者著作権管理機構（JCOPY）の許諾を受けてください。
JCOPY〈http://www.jcopy.or.jp　eメール：info@jcopy.or.jp　電話：03-3513-6969〉

関西学院大学産研叢書

関西学院大学産研叢書 38
公共インフラと地域振興
長峯純一（編著）　＜A5判・306頁＞

現代社会が直面するさまざまな課題を標榜している公共インフラや地域振興に関する諸論点について，実証的に分析・検討を行い，問題提起や政策提言を行う研究書。

関西学院大学産研叢書 39
生産性向上の理論と実践
梶浦昭友（編著）　＜A5判・240頁＞

アベノミクスの第3の矢である「日本再興戦略」で掲げられている生産性革命について，理論・実践の両面から生産性向上のための課題や現実の一端を解明した研究書。

関西学院大学産研叢書 40
ASEAN経済共同体の成立
－比較地域統合の可能性
市川　顕（編著）　＜A5判・216頁＞

2015年12月に発足したASEAN経済共同体について，地域統合論および地域統合政策論の視点からEUと比較することで，その性格や特徴を解明する研究書。

中央経済社